DESPEGA MOS

INGLÉS

Nociones básicas para hacerse entender

Tien Tammada

LAROUSSE

Título original: อังกฤษทันใจพูดได้ด้วยปลายนิ้ว เทียร ธรรมดา
Autor: Tien Tammada

Edición tailandesa
© Leelaaphasa Co., Ltd.
63/120 Moo 8, Tambon Saothonghin, Bangyai District,
Nonthaburi 11140 Thailand
leelaaphasa2008@gmail.com
Todos los derechos reservados.

Edición alemana
© PONS Langenscheidt GmbH, Stuttgart (2019)
Traducción al alemán: Ta Tammadien y Hubert Möller
Corrección: David Thorne, Kidan Patanant y Ian Dawson
Ilustraciones interiores: K. Kiattisak y Netitorn Terdbankird
Maqueta: Wachana Leuwattananon y Vipoo Lerttasanawanish

Edición española
Dirección editorial: Jordi Induráin
Coordinación de la edición: Sofía Acebo
Corrección: Gemma Brunat
Adaptación de maqueta: El Taller del Llibre
Cubierta: Toni Cabré

© Núria Gasó Gómez, por la traducción
© Larousse Editorial, S.L., 2024
Bac de Roda, 64, edificio D, 1.ª planta
08019 Barcelona
clientes@grupoanaya.es · www.larousse.es

Primera edición: 2024
ISBN: 978-84-10124-53-0
DL: B-10080-2024
1E1I

PAPEL DE FIBRA
CERTIFICADO

Prólogo

Viajar a países extranjeros es divertido y fascinante. De hecho, cuando se pregunta a la gente qué le gusta hacer, viajar suele aparecer entre las primeras opciones.

Para viajar al extranjero, a menudo debemos enfrentarnos a otra lengua. Y, aunque muchas personas consideran que aprender un idioma es un quebradero de cabeza, la verdad es que adentrarse en una lengua nueva no es tan difícil. Además, nos abrirá un abanico de oportunidades.

Tanto si tu objetivo es pasar unas vacaciones maravillosas en Inglaterra, ligar con alguien de allí o darte cuenta de que esa misma persona está coqueteando contigo (¿será tu media naranja?), como si simplemente quieres comenzar a familiarizarte con el inglés desde cero, no esperes a dar el primer paso.

Deja las dudas atrás y ponte manos a la obra. ¡Ha llegado el momento de empezar a hablar inglés!

¡Despegamos!

Una vez tomada la decisión de aprender inglés, este libro te ayudará a dar el primer paso. Para arrancar no tienes por qué inscribirte en un curso de idiomas ni preocuparte por complejas normas gramaticales.

Cualquiera que haya aprendido alguna vez un idioma y haya llegado a dominarlo sabe que, al principio, lo más importante, lo más rápido y lo más fácil es lanzarse de cabeza. Lo demás va rodado. No es necesario que inviertas demasiado tiempo en prepararte. No le des más vueltas: ¡lánzate a la piscina!

Este libro te ayudará a conseguirlo gracias a ilustraciones, palabras y frases. Cuando durante un viaje te topes con los primeros obstáculos lingüísticos, consulta el capítulo correspondiente. Ahí encontrarás las frases y los términos básicos para comunicarte.

Si tu pronunciación aún no es perfecta, puedes señalar con el dedo la imagen o la frase de al lado y te harás entender de inmediato. Así de sencillo y así de rápido, porque este libro se titula:

Inglés. ¡Despegamos! Nociones básicas para hacerse entender

ÍNDICE

La vida cotidiana

Useful daily conversations
['juːsfʊl 'deɪli kɒnvə'seɪʃənz]

Saludarse

Greeting ['griːtɪŋ]

Good morning!	Good afternoon!	Good evening!
[gʊd 'mɔːnɪŋ]	[gʊd 'ɑːftə'nuːn]	[gʊd 'iːvnɪŋ]
¡Buenos días!	¡Buenas tardes!	¡Buenas noches!

How are you?

[haʊ ɑ: ju:]

¿Cómo está? / ¿Cómo estás?

I'm fine, thank you.

[ʌɪm faɪn θæŋk ju:]

Bien, gracias.

Yes. | No.

[jɛs]

[nəʊ]

Sí.

No.

Thanks.	Thank you very much.	You're welcome.	With pleasure.
[θæŋks]	[ˈθæŋkjʊ ˈvɛrɪ mʌtʃ]	[jʊə ˈwɛlkəm]	[wɪð ˈplɛʒə]
Gracias.	Muchas gracias.	De nada.	Con gusto.

My name is… [maɪ neɪm ɪz]	Me llamo…
What is your name? [wɒt ɪz jʊə neɪm]	¿Cómo se llama usted? / ¿Cómo te llamas?
Nice to meet you. [nʌɪs tuː miːt juː]	Encantado/a.
I'm from Spain. [ʌɪm frɒm speɪn]	Soy de España.
I cannot speak English. [aɪ kænnɒt spiːk ˈɪŋglɪʃ]	No sé hablar inglés.
I can speak a little English. [aɪ kæn spiːk ə ˈlɪtəl ˈɪŋglɪʃ]	Hablo un poco de inglés.
How do you say that in English? [haʊ dəʊ juː seɪ ðat ɪn ˈɪŋglɪʃ]	¿Cómo se dice esto en inglés?
Could you repeat that please? [kʊd juː rɪˈpiːt ðæt pliːz]	¿Puede(s) repetirlo, por favor?
Could you speak a little more slowly, please? [kʊd juː spiːk ə ˈlɪtəl mɔː ˈsləʊlɪ pliːz]	¿Podría(s) hablar un poco más despacio, por favor?

What does that mean?
[wɒt dʌz ðat miːn]

¿Qué significa?

What is that?
[wɒt ɪz ðat]

¿Qué es?

Pardon?
[pɑːˈdən]

¿Cómo dice(s)?

Excuse me.
[ɪkˈskjuːz mi]

Disculpe. / Disculpa.

No problem.
[nəʊ ˈprɒbləm]

Ningún problema.

Where am I?
[wɛːr æm aɪ]

¿Dónde estoy?

How do I get to...?
[haʊ duː aɪ gɛt tuː]

¿Cómo puedo ir a...?

Mister
[ˈmɪstə]

señor

Mrs ['mɪsɪz]	señora (*mujer casada*)
Ms [mɪz]	señora (*mujer soltera*)
Where is...? [wɛːr ɪz]	¿Dónde está...?
I would like... [aɪ wʊd laɪk]	Querría...
How much does it cost? [haʊ mʌtʃ dʌz ɪt kɒst]	¿Cuánto cuesta?
I like this. [aɪ laɪk ðɪs]	Me gusta.
I don't like that. [aɪ dəʊnt laɪk ðat]	No me gusta.
So-so. [səʊ-səʊ]	Más o menos.

Wonderful! [ˈwʌndəfʊl]	¡Estupendo!
Great! [greɪt]	¡Excelente!
good [gʊd]	bien
very good [ˈvɛrɪ gʊd]	muy bien
bad [bæd]	mal
very bad [ˈvɛrɪ bæd]	muy mal
a lot [ə lɒt]	mucho
little, few [ˈlɪtəl fju:]	poco
some, a bit of [sʌm ə bɪt ɒv]	un poco
One moment, please. [wʌn ˈməʊmənt pli:z]	Un momento, por favor.
Just a moment, please. [dʒʌst ə ˈməʊmənt pli:z]	Un segundo, por favor.

See you soon!	¡Hasta pronto!
[siː juː suːn]	
See you later!	¡Hasta luego!
[siː juː ˈleɪtə]	
See you tomorrow!	¡Hasta mañana!
[siː juː təˈmɒrəʊ]	
Good bye!	¡Adiós!
[gʊd baɪ]	
Who?	¿Quién?
[huː]	
What?	¿Qué?
[wɒt]	
Where?	¿Dónde?
[wɛː]	
When?	¿Cuándo?
[wɛn]	
Why?	¿Por qué?
[waɪ]	
How?	¿Cómo?
[haʊ]	
How much? / How many?	¿Cuánto? / ¿Cuántos?
[haʊ mʌtʃ/ haʊ ˈmɛnɪ]	

the airport
[ðiː ˈɛəˈpɔːt]

el aeropuerto

Where is passport control?
[wɛːr ɪz ˈpɑːspɔːt kənˈtrəʊl]

¿Dónde está el control de pasaportes?

THE AEROPLANE

Excuse me, how can I get to the city centre?
[ɪkˈskjuːz miː haʊ kæn aɪ gɛt tuː ðə ˈsɪtɪ ˈsɛntə]
Disculpe, ¿cómo puedo ir al centro de la ciudad?

Where is the train station?
[wɛːr ɪz ðə treɪn ˈsteɪʃən]
¿Dónde está la estación de tren?

['ɛgzɪt]
salida

Excuse me,
where is the exit?

[ɪkˈskjuːz miː wɛːr ɪz ðiː ˈɛgzɪt]

Disculpe, ¿dónde está la salida?

[ðiː ˈɛːpleɪn]   El avión

Where is the bus stop?

[wɛːr ɪz ðə bʌs stɒp]

¿Dónde está la parada de autobús?

Where can I get a taxi?

[wɛː kæn aɪ gɛt ə ˈtæksɪ]

¿Dónde puedo encontrar un taxi?

Where is tourist information?
[wɛː ɪz ˈtʊərɪst ˈɪnfəˈmeɪʃən]
¿Dónde está el punto de información turística?

How far is it to the city centre?
[haʊ faːr ɪz ɪt tuː ðə ˈsɪtɪ ˈsɛntə]
¿Qué distancia hay hasta el centro de la ciudad?

Can you recommend an inexpensive hotel?
[kæn juː rɛkəˈmɛnd aːn ɪnɪkˈspɛnsɪv həʊˈtɛl]
¿Puede recomendarme algún hotel económico?

Drive me to this address, please.
[draɪv miː tuː ðɪs əˈdrɛs pliːz]
Lléveme a esta dirección, por favor.

bus
[bʌs]

autobús

How much does the ride cost?
[haʊ mʌtʃ dʌz ðə raɪd kɒst]
¿Cuánto cuesta el trayecto?

Can I pay by credit card?
[kæn aɪ peɪ baɪ ˈkrɛdɪt kɑːd]
¿Puedo pagar con tarjeta?

Could you tell me when to get off please?
[kʊd juː tɛl miː wɛn tuː gɛt ɒf pliːz]
Cuando tenga que bajarme, ¿podría avisarme?

Thank you very much for your help.
[ˈθæŋkjʊ ˈvɛrɪ mʌtʃ fɔː jɔː hɛlp]
Muchas gracias por su ayuda.

taxi
['tæksɪ]

taxi

train

[treɪn]

tren

underground

[ˈʌndəɡraʊnd]

metro

tram

[træm]

tranvía

HST (High Speed Train)

[haɪ spiːd treɪn]

tren de alta velocidad

ship

[ʃɪp]

barco

El alojamiento

Accommodation [əkɒməˈdeɪʃən]

Is there any room available?
[ɪz ðɛər ˈɛnɪ ruːm əˈveɪləbəl]

¿Tiene habitaciones libres?

May I see the room, please?
[meɪ aɪ siː ðə ruːmz pliːz]

¿Puedo ver la habitación?

How much is it?
[haʊ mʌtʃ ɪz ɪt]

¿Cuánto cuesta?

Is breakfast included?
[ɪz ˈbrɛkfəst ɪnˈkluːdɪd]

¿Está incluido el desayuno?

I have booked a room in
the name of...
[aɪ hæv bʊkt ə ruːm ɪn
ðə neɪm ɒv]

Tengo una habitación reservada
a nombre de...

Here is my passport.
[hɪːər ɪz maɪ ˈpɑːspɔːt]

Aquí tiene mi pasaporte.

Do you have wireless Internet?
[duː juː hæv ˈwaɪələs ˈɪntənɛt]

¿Hay wifi?

Do you have a safe?
[duː juː hæv ə seɪf]

¿Hay caja fuerte?

When do I have to check out?
[wɛn duː aɪ hæv tuː tʃɛk aʊt]

¿Cuándo tengo que dejar la habitación?

Is reception open all the time?
[ɪz rɪˈsɛpʃən ˈəʊpən ɔːl ðə taɪm]

¿La recepción está abierta las 24 horas?

I would like a room for...

[aɪ wʊd laɪk ə ruːm fɔː]

Querría una habitación para...

one (person).
[wʌn ˈpɜːsən]
una persona.

two (people).
[tuː ˈpiːpəl]
dos personas.

a family.

[ə ˈfæmɪlɪ]

una familia.

ceiling
[ˈsiːlɪŋ]
techo

bookshelf
[ˈbʊkʃelf]
estantería

lamp
[læmp]
lámpara

window
[ˈwɪndəʊ]
ventana

light switch
[laɪt swɪtʃ]
interruptor

alarm clock
[əˈlɑːm klɒk]
despertador

pillow
[ˈpɪləʊ]
almohada

chair
[tʃɛə]
silla

desk
[dɛsk]
escritorio

electric plug
[ɪˈlɛktrɪk plʌg]
clavija

electric socket
[ɪˈlɛktrɪk ˈsɒkɪt]
enchufe

air conditioner
[ɛə kənˈdɪʃənəʳ]
aire acondicionado

curtain
[ˈkɜːtən]
cortina

clothes hanger
[kləʊðz ˈhæŋə]
percha

hat
[hæt]
sombrero

drawer
[ˈdrɔːə]
die Schublade

handbag
[ˈhænd bæg]
bolso

T-shirts
[ˈtiːʃɜːts]
camisetas

trousers
[ˈtraʊzəz]
pantalones

shoes
[ʃuːz]
zapatos

blanket
[ˈblæŋkɪt]
colcha

carpet
[ˈkɑːpɪt]
alfombra

bed
[bɛd]
cama

En el dormitorio

In the bedroom [ɪn ðə ˈbɛd ruːm]

En el baño

In the bathroom [ɪn ðə ˈbɑːθ ruːm]

mirror
[ˈmɪrə]
espejo

bathrobe
[ˈbɑːθˌrəʊb]
albornoz

water tap
[ˈwɔːtə tæp]
grifo

sink
[sɪŋk]
lavamanos

electric razor
[ɪˈlɛktrɪk ˈreɪzə]
máquina de afeitar

towel
[ˈtaʊəl]
toalla

hair dryer
[hɛə ˈdraɪə]
secador

laundry basket
[ˈlɔːndrɪ ˈbɑːskɪt]
cesto de la ropa

toothbrush
[ˈtuːθbrʌʃ]
cepillo de dientes

toothpaste
[ˈtuːθ peɪst]
dentífrico

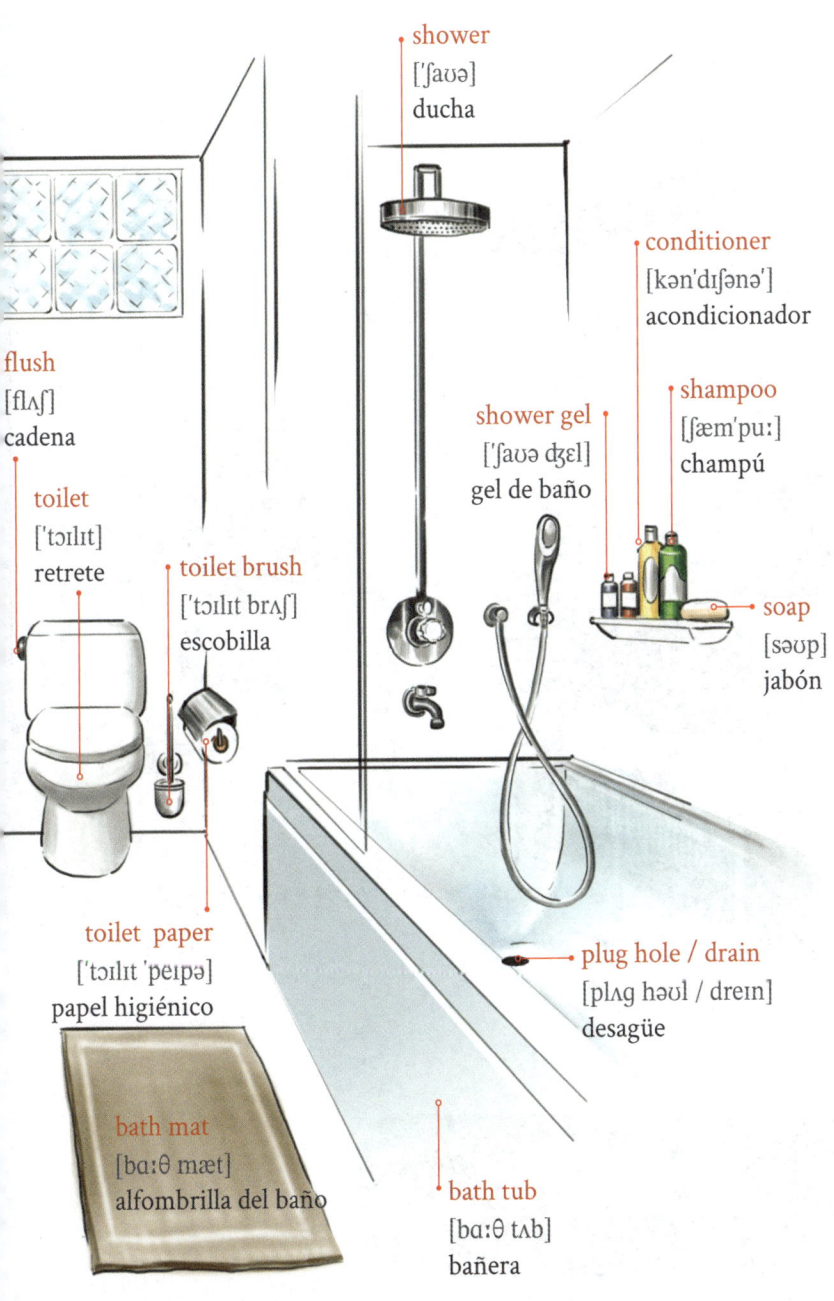

shower
['ʃaʊə]
ducha

conditioner
[kən'dıʃənə']
acondicionador

shampoo
[ʃæm'puː]
champú

shower gel
['ʃaʊə ʤɛl]
gel de baño

flush
[flʌʃ]
cadena

toilet
['tɔılıt]
retrete

toilet brush
['tɔılıt brʌʃ]
escobilla

soap
[səʊp]
jabón

toilet paper
['tɔılıt 'peıpə]
papel higiénico

plug hole / drain
[plʌg həʊl / dreın]
desagüe

bath mat
[bɑːθ mæt]
alfombrilla del baño

bath tub
[bɑːθ tʌb]
bañera

28

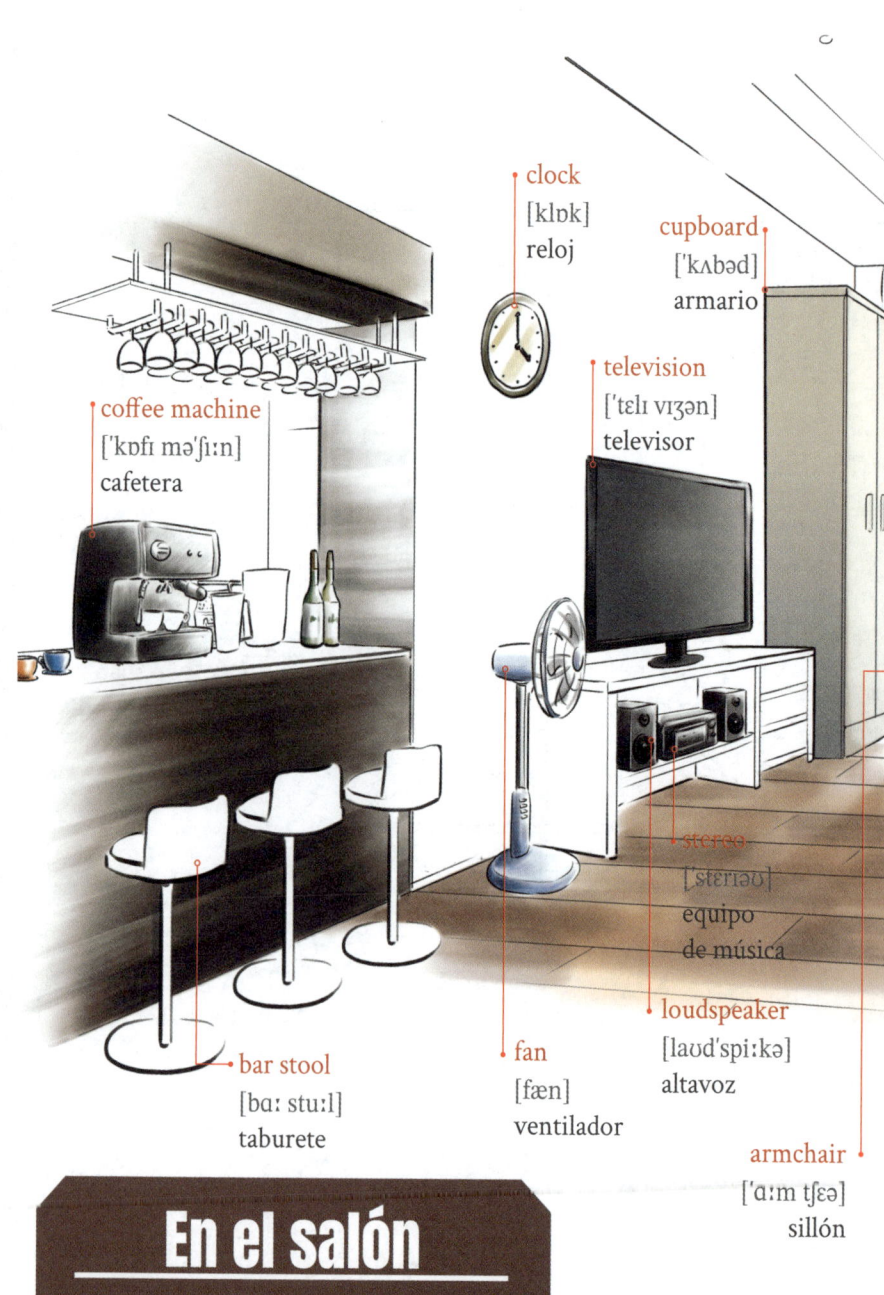

clock
[klɒk]
reloj

cupboard
['kʌbəd]
armario

coffee machine
['kɒfɪ məˈʃiːn]
cafetera

television
['telɪ vɪʒən]
televisor

stereo
['steriəʊ]
equipo
de música

loudspeaker
[laʊdˈspiːkə]
altavoz

bar stool
[bɑː stuːl]
taburete

fan
[fæn]
ventilador

armchair
['ɑːm tʃɛə]
sillón

En el salón

In the living room [ɪn ðəˈlɪvɪŋ ruːm]

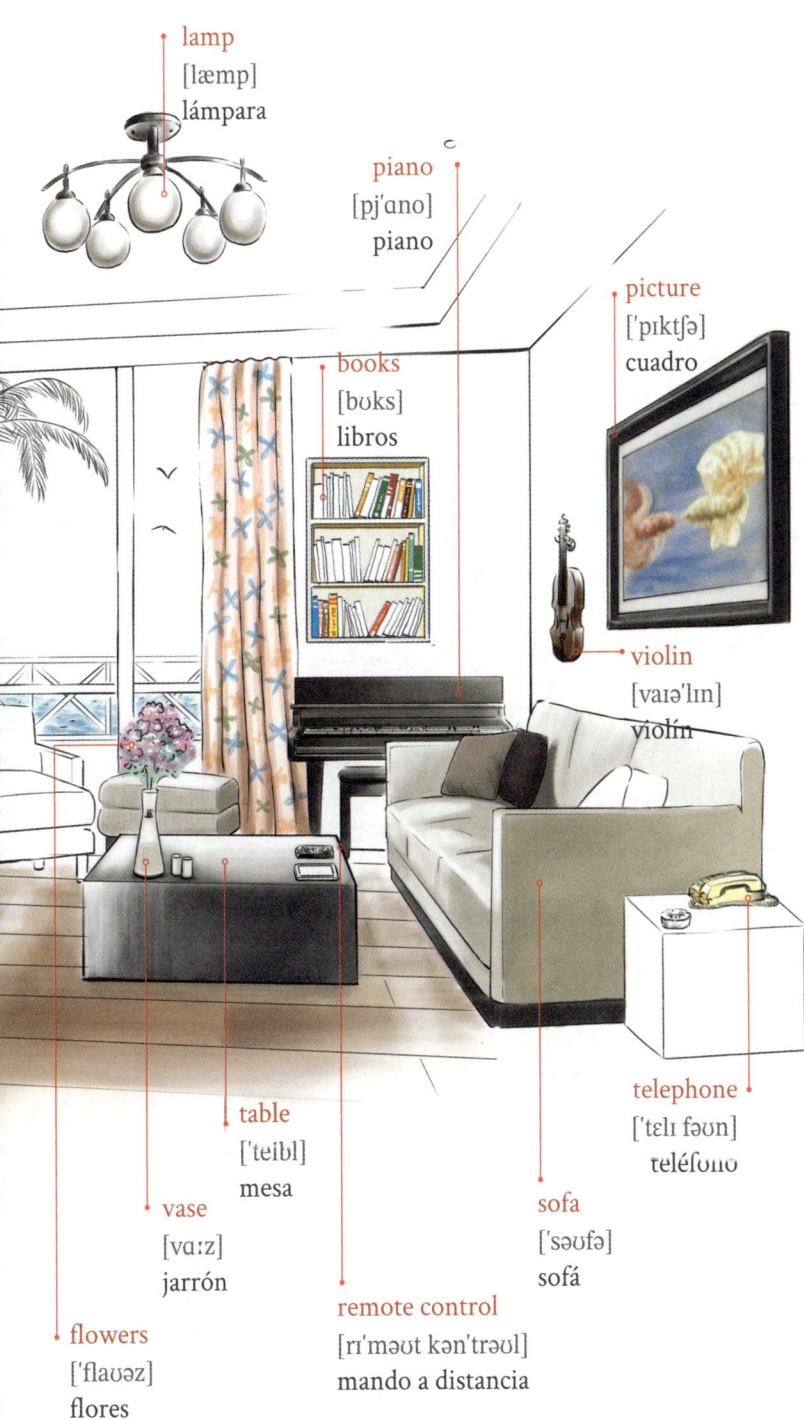

lamp
[læmp]
lámpara

piano
[pj'ɑno]
piano

picture
['pɪktʃə]
cuadro

books
[bʊks]
libros

violin
[vaɪə'lɪn]
violín

telephone
['tɛlɪ fəʊn]
teléfono

table
['teɪbl]
mesa

sofa
['səʊfə]
sofá

vase
[vɑːz]
jarrón

remote control
[rɪ'məʊt kən'trəʊl]
mando a distancia

flowers
['flaʊəz]
flores

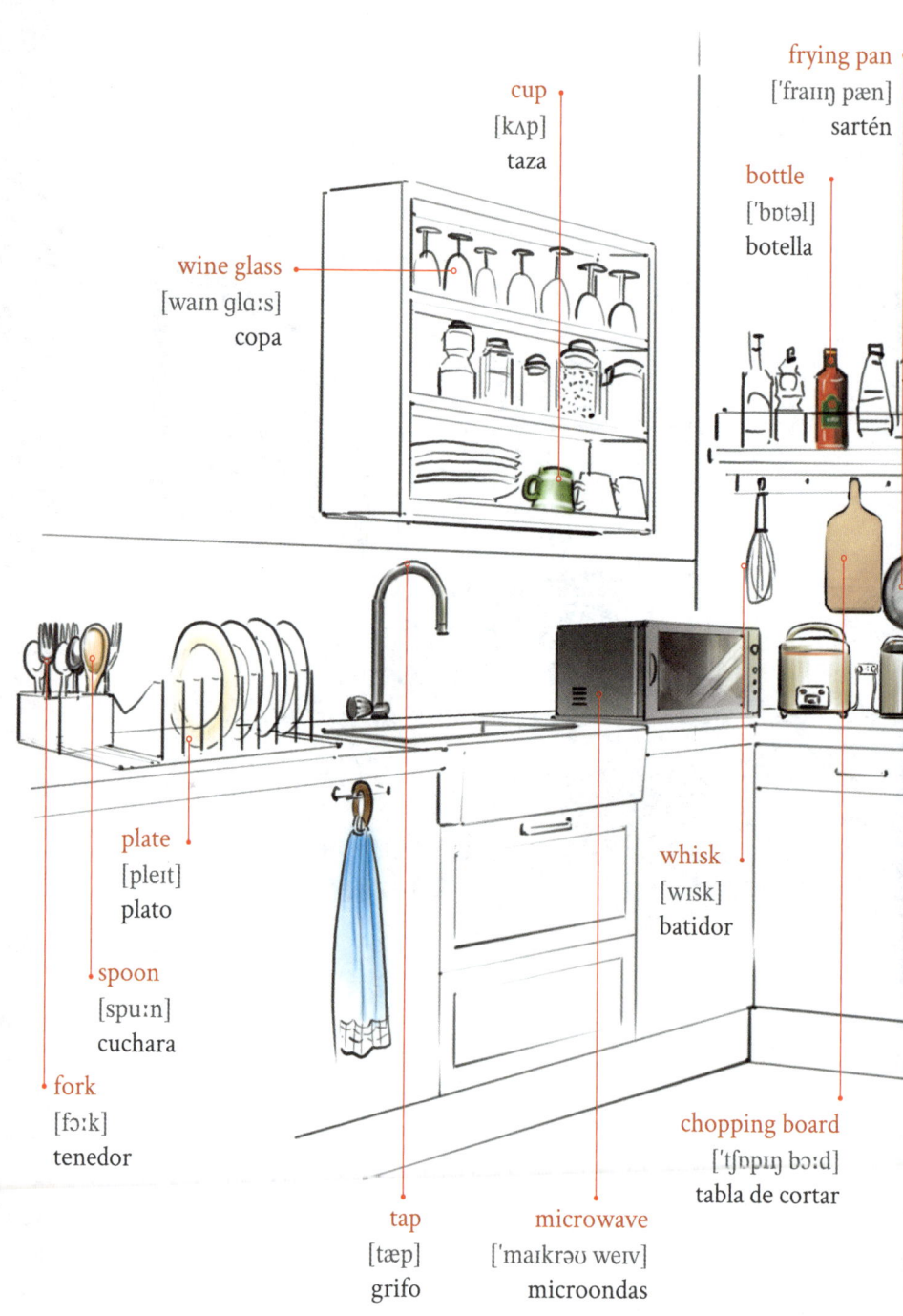

frying pan
['fraɪɪŋ pæn]
sartén

cup
[kʌp]
taza

bottle
['bɒtəl]
botella

wine glass
[waɪn glɑːs]
copa

plate
[pleɪt]
plato

whisk
[wɪsk]
batidor

spoon
[spuːn]
cuchara

fork
[fɔːk]
tenedor

chopping board
['tʃɒpɪŋ bɔːd]
tabla de cortar

tap
[tæp]
grifo

microwave
['maɪkrəʊ weɪv]
microondas

En la cocina

In the kitchen [ɪn ðə ˈkɪtʃən]

knife
[naɪf]
cuchillo

pot
[pɒt]
olla

kitchen utensils
[ˈkɪtʃɪn juːˈtɛnsəlz]
utensilios de cocina

oven
[ˈʌvən]
horno

fridge
[frɪdʒ]
nevera

Excursiones por la ciudad y salidas al campo

Excursions in the city and in the countryside

[ɛkˈskəːʃənz ɪn ðə ˈsɪti ənd ɪn ðə ˈkʌntrɪsʌɪd]

Are there any tourist attractions in this area?

[ɑː ðɛər ˈɛnɪ ˈtʊərɪst əˈtrækʃənz ɪn ðɪs ˈɛərɪə]

¿Hay algún sitio de interés turístico en esta zona?

Where can I taste the traditional local food?

[wɛː kæn aɪ teɪst ðə trəˈdɪʃənəl ˈləʊkəl fuːd]

¿Dónde puedo probar comida típica de esta zona?

Excursiones en tren

Excursions by train [ɪkˈskɜːʃənz bʌɪ treɪn]

Where is the train station?
[wɛːr ɪz ðə treɪn ˈsteɪʃən]

¿Dónde está la estación de tren?

Where is the ticket machine?
[wɛːr ɪz ðə ˈtɪkɪt məˈʃiːn]

¿Dónde está la máquina
expendedora de billetes?

Where is the ticket office?
[wɛːr ɪz ðə ˈtɪkɪt ˈɒfɪs]

¿Dónde está la taquilla?

How much does the ticket cost?
[haʊ mʌtʃ dʌz ðə ˈtɪkɪt kɒst]

¿Cuánto cuesta el billete?

One first-class ticket, please.
[wʌn fɜːst klɑːs ˈtɪkɪt pliːz]

Un billete en primera clase, por favor.

One second-class ticket, please.
[wʌn ˈsɛkənd klɑːs ˈtɪkɪt pliːz]

Un billete en segunda clase, por favor.

A one-way ticket, please.
[eɪ wʌn weɪ tɪkɪt pliːz]

Un billete de ida, por favor.

A return ticket, please.
[eɪ rɪˈtɜːn ˈtɪkɪt pliːz]

Un billete de ida y vuelta, por favor.

I would like to reserve a seat please.
[aɪ wʊd laɪk tuː rɪˈzɜːv ə siːt pliːz]

Quiero reservar un asiento.

What time does the train leave?
[wɒt taɪm dʌz ðə treɪn liːv]

¿A qué hora sale el tren?

How many times do I have to change trains?
[haʊ ˈmɛnɪ taɪmz duː aɪ hæv tuː tʃeɪndʒ treɪnz]

¿Cuantos transbordos tengo que hacer?

What is the next station called?
[wɒt ɪz ðə nɛkst ˈsteɪʃən kɔːld]

¿Cuál es la próxima estación?

Please tell me when I have to get off.
[pliːz tɛl miː wɛn aɪ hæv tuː gɛt ɒf]

Por favor, ¿me puede decir cuándo me tengo que bajar?

En la estación de tren

At the train station

[at ðə treɪn ˈsteɪʃən]

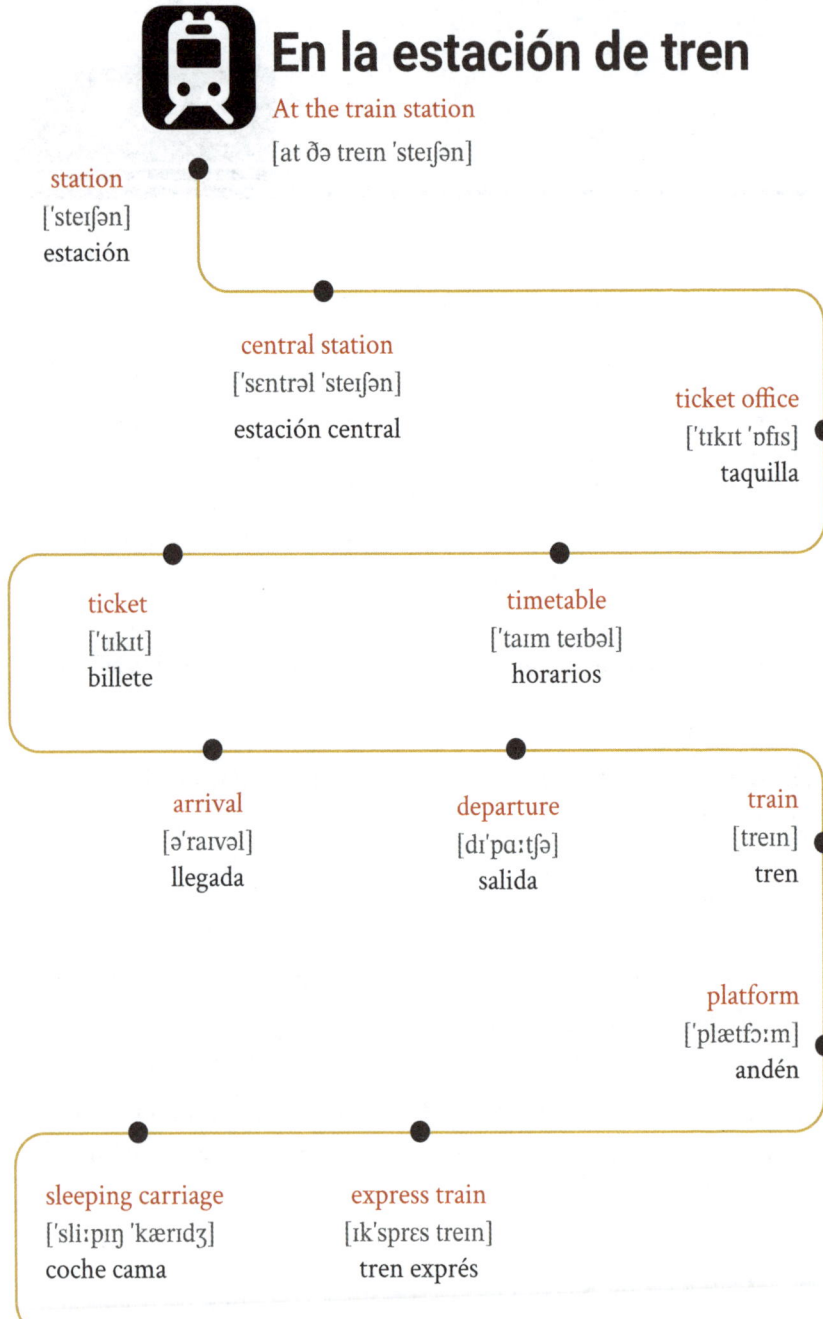

station
[ˈsteɪʃən]
estación

central station
[ˈsɛntrəl ˈsteɪʃən]
estación central

ticket office
[ˈtɪkɪt ˈɒfɪs]
taquilla

ticket
[ˈtɪkɪt]
billete

timetable
[ˈtaɪm teɪbəl]
horarios

arrival
[əˈraɪvəl]
llegada

departure
[dɪˈpɑːtʃə]
salida

train
[treɪn]
tren

platform
[ˈplætfɔːm]
andén

sleeping carriage
[ˈsliːpɪŋ ˈkærɪdʒ]
coche cama

express train
[ɪkˈsprɛs treɪn]
tren exprés

first-class ticket
[fɜːst-klɑːs ˈtɪkɪt]
billete en primera clase

second-class ticket
[ˈsɛkənd-klɑːs ˈtɪkɪt]
billete en segunda clase

seat reservation
[siːt rɛzəˈveɪʃən]
reserva de asiento

one-way
[wʌn-weɪ]
solo ida

return
[rɪˈtəːn]
ida y vuelta

surcharge
[ˈsɜː tʃɑːdʒ]
recargo

board
[bɔːd]
subir (al tren)

get off
[gɛt ɒf]
bajar (del tren)

change trains
[tʃeɪndʒ treɪns]
hacer transbordo

What time does the train / the bus / the underground / the tram leave?

[wɒt taɪm dʌz ðə treɪn / ðə bʌs /

ðiː ˈʌndə graʊnd / ðə træm liːv]

¿A qué hora sale el tren / el autobús /
el metro / el tranvía?

Excuse me, can you help me to buy a ticket from the machine?

[ɪkˈskjuːz miː kæn juː hɛlp miː tʊ baɪ

ə ˈtɪkɪt frəm ðə məˈʃiːn]

Disculpe, ¿podría ayudarme
a comprar un billete
en la máquina expendedora?

I want to go to...

[aɪ wɒnt tuː gəʊ tuː]

Quiero ir a...

Excursiones en autobús y tranvía

Excursions by bus and tram [ɪk'skɜːʃənz baɪ bʌs ɔnd træm]

---

bus [bʌs]	autobús
bus stop [bʌs stɒp]	parada de autobús
tram [træm]	tranvía

Where is the tram stop?

[wɛːr ɪz ðə træm stɒp]

¿Dónde está la parada del tranvía?

tram stop [træm stɒp]	parada de tranvía
ticket ['tɪkɪt]	billete
ticket inspector ['tɪkɪt ɪn'spɛktə]	revisor
fine, penalty [faɪn / 'pɛnəltɪ]	multa

Where is...?

[wɛːr ɪz]

¿Dónde está...?

Where is the bus stop?

[wɛːr ɪz ðə bʌs stɒp]

¿Dónde está la parada de autobús?

traffic lights

['træfɪk laɪts]

semáforo

motorcycle

['məʊtəsaɪkəl]

motocicleta

bicycle

['baɪsɪkəl]

bicicleta

car

[kɑː]

coche

Por tu cuenta en coche, moto y bicicleta o a pie

Travelling on your own by car, motorcycle, bicycle and on foot
['travəlɪŋ ɒn jɔːr əʊn bʌɪ kɑː 'məʊtəsʌɪkəl 'bʌɪsɪkəl ənd ɒn fʊt]

street [striːt]	calle
intersection [ɪntə'sɛkʃən]	cruce
go straight on [gəʊ streɪt ɒn]	ir recto
turn right [tɜːn raɪt]	girar a la derecha
turn left [tɜːn lɛft]	girar a la izquierda
Where is a petrol station? [wɛːr ɪz ə 'pɛtrəl 'steɪʃən]	¿Dónde hay una gasolinera?
here [hɪə]	aquí
over there ['əʊvə ðɛə]	allí
near [nɪə]	cerca
far [fɑː]	lejos
insurance [ɪn'ʃʊərəns]	el seguro
What kind of petrol should I put in? [wɒt kaɪnd ɒv 'pɛtrəl ʃʊd aɪ pʊt ɪn]	¿Con qué gasolina debo repostar?

Arte y ocio

Art and leisure time activities [ɑːt ənd ˈlɛʒə tʌɪm akˈtɪvɪtiz]

---

the theatre
[ðə ˈθɪətə]
el teatro

the opera house
[ðiː ˈɒpərə haʊs]
la ópera

the cinema
[ðə ˈsɪnɪmə]
el cine

the art gallery
[ðiː ɑːt ˈɡælərɪ]
la galería de arte

the museum
[ðə mjuːˈzɪəm]
el museo

the indoor swimming pool
[ði: ˈɪndɔː ˈswɪmɪŋ puːl]
la piscina cubierta

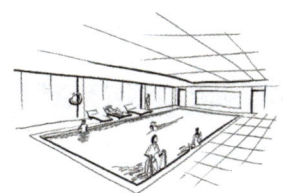

the outdoor swimming pool
[ði: ˈaʊtˈdɔː ˈswɪmɪŋ puːl]
la piscina exterior

the sauna
[ðə ˈsɔːnə]
la sauna

the city park
[ðə ˈsɪtɪ pɑːk]
el parque urbano

the gym
[ðə dʒɪm]
el gimnasio

Lugares de interés turístico

Tourist attractions [ˈtʊərɪst əˈtrækʃənz]

Buckingham Palace
[ˈbʌkɪŋəm ˈpælis]

Big Ben
[bɪg bɛn]

St. Paul's Cathedral
[sənt pɔːlz kəˈθiːdrəl]

Tower of London
[ˈtaʊər ɒv ˈlʌndən]

Westminster Abbey

[ˈwɛstmɪnstər ˈæbɪ]

Tower Bridge

[ˈtaʊə brɪdʒ]

Trafalgar Square

[trəˈfælgə skwɛə]

British Museum

[ˈbrɪtɪʃ mjuːˈzɪəm]

Lugares de interés turístico

Tourist attractions [ˈtʊərɪst əˈtrækʃənz]

London Eye
[ˈlʌndən aɪ]

The Shard
[ðə ʃɑːd]

Windsor Castle
[ˈwɪnzəˈkɑːsəl]

Bath
[bɑːθ]

Avebury Stone Circle
[ˈeɪvbərɪ stəʊn ˈsɜːkəl]

Stonehenge
[stəʊnˈhɛndʒ]

COMER Y BEBER

OTROS

Panadería

Baker's [ˈbeɪkərz]

wholemeal bread
[ˈhəʊlmiːl brɛd]

pan integral

crumpet
[ˈkrʌmpɪt]

crumpet (tortita gruesa)

croissant
[ˈkrwʌsɒŋ]

cruasán

plain loaf
[pleɪn ləʊf]

pan de molde

bread
[brɛd]

pan

bread roll
[brɛd rəʊl]

panecillo

bun
[bʌn]

bollo

lamb
[læm]
cordero

En la carnicería

At the butcher's [at ðə ˈbʊtʃərz]

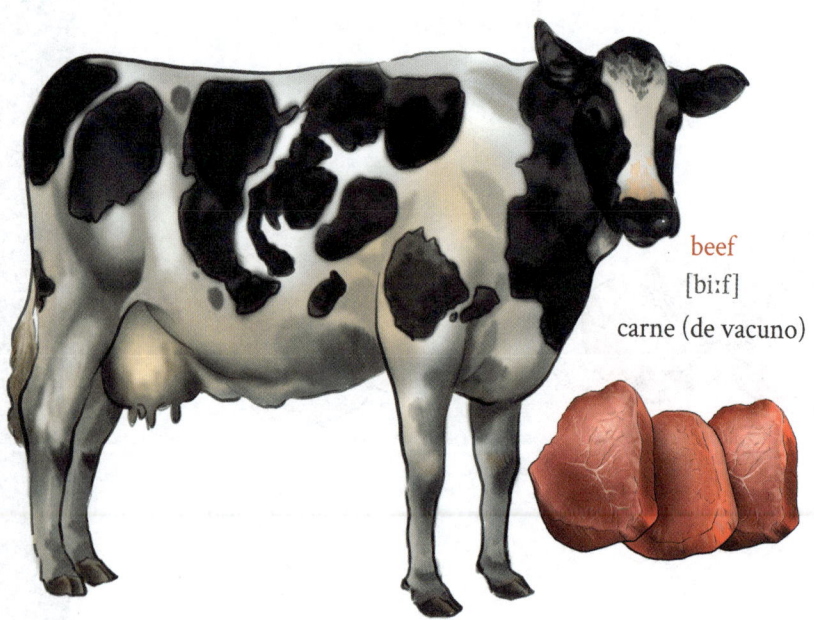

beef
[biːf]
carne (de vacuno)

duck
[dʌk]
pato

pork
[pɔːk]
cerdo

chicken
[ˈtʃɪkɪn]
pollo

En la pescadería

At the fishmonger [æt ðə ˈfɪʃ mʌŋgə]

trout
[traʊt]
trucha

fish
[fɪʃ]
pescado

shrimp
[ʃrɪmp]
gamba

crab
[kræb]
cangrejo

codfish
[ˈkɒd fɪʃ]
bacalao

haddock
[ˈhædək]
abadejo

tuna
['tjuːnə]
atún

squid
[skwɪd]
calamar

plaice
[pleɪs]
platija

salmon
['samən]
salmón

mussel
['mʌsəl]
mejillón

oyster
['ɔɪstə]
ostra

1

2

3

4

5

6

7

8

9

En el puesto de verduras

In the vegetable shop [in ðə ˈvɛdʒtəbəl ʃɒp]

1. aubergine [ˈəʊbə ʒiːn]
berenjena

2. cucumber [ˈkjuː kʌmbə]
pepino

3. broccoli [ˈbrɒkəlɪ]
brócoli

4. artichoke [ˈɑːtɪ tʃəʊk]
alcachofa

5. Chinese cabbage [tʃaɪˈniːz ˈkabɪdʒ]
col china

6. peas [piːz]
guisantes

7. cauliflower [ˈkɒlɪ flaʊə]
coliflor

8. carrot [ˈkarət]
zanahoria

9. basil [ˈbazəl]
albahaca

1. ginger ['dʒɪndʒə]
jengibre

2. lettuce ['letɪs]
lechuga

3. pumpkin ['pʌm(p)kɪn]
calabaza

4. almond ['ɑːmənd]
almendra

5. peanut ['piːnʌt]
cacahuete

6. hazelnut ['heɪzəlnʌt]
avellana

7. garlic ['gɑːlɪk]
ajo

8. mushroom ['mʌʃrʊm]
seta

9. potato [pə'teɪtəʊ]
patata

10. corn [kɔːn]
maíz

11. walnut ['wɔːlnʌt]
nuez

1

2

3

4

7

5

6

8

10

9

11

1

2

3

4

5

6

7

8

9

10

1. beetroot [ˈbiːtruːt]
remolacha

2. sweet pepper [swiːt ˈpɛpə]
pimiento

3. onion [ˈʌnjən]
cebolla

4. white cabbage [wʌɪt ˈkabɪdʒ]
col blanca

5. red cabbage [rɛd ˈkabɪdʒ]
col lombarda

6. asparagus [əˈsparəgəs]
espárrago

7. tomato [təˈmɑːtəʊ]
tomate

8. courgette [kʊəˈʒɛt]
calabacín

9. celery [ˈsɛləri]
apio

10. spinach [ˈspɪnɪdʒ]
espinaca

apple
[apəl]
manzana

green apple
[griːn apəl]
manzana verde

pear
[pɛː]
pera

cherry
[ˈtʃɛri]
cereza

plum
[plʌm]
ciruela

olive
[ˈɒliv]
aceituna

coconut
[ˈkəʊkənʌt]
coco

strawberry
[ˈstrɔːbəri]
fresa

pineapple
[ˈpʌɪnapəl]
piña

pomegranate
[ˈpɒmɪɡranɪt]
granada

blackberry
[ˈblakbəri]
mora

raspberry
[ˈrɑːzbəri]
frambuesa

En la frutería

In the fruit shop [ɪn ðə fruːt ʃɒp]

blueberry
[ˈbluːbəri]
arándano

blackcurrant
[blakˈkʌrənt]
grosella negra

redcurrant
[rɛdˈkʌrənt]
grosella roja

lime
[lʌɪm]
lima

lemon
[ˈlɛmən]
limón

avocado
[avəˈkɑːdəʊ]
aguacate

peach
[piːtʃ]
melocotón

papaya
[pəˈpʌɪə]
papaya

banana
[bəˈnɑːnə]
plátano

mango
[ˈmaŋgəʊ]
mango

orange
[ˈɒrɪndʒ]
naranja

tangerine
[tandʒəˈriːn]
mandarina

watermelon
[ˈwɔːtəmɛlən]
sandía

grape
[greɪp]
uva

melon
[ˈmɛlən]
melón

kiwi fruit
[ˈkiːwiː fruːt]
kiwi

Bebidas

Beverages ['bɛvərɪdʒɪz]

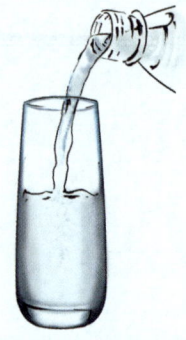

sparkling water
['spɑːkəlɪŋ 'wɔːtə]
agua con gas

still water
[stɪl'wɔːtə]
agua sin gas

mineral water
['mɪnərəl wɔːtə]
agua mineral

lemonade
[lɛmə'neɪd]
limonada

fizzy drinks
['fɪzi drɪŋks]
refrescos

carrot juice
['karət dʒuːs]
zumo de zanahoria

pineapple juice
['pʌɪnapəl dʒuːs]
zumo de piña

apple juice
['apəl dʒuːs]
zumo de manzana

tomato juice
[təˈmɑːtəʊ dʒuːs]
zumo de tomate

orange juice
['ɒrɪndʒ dʒuːs]
zumo de naranja

grape juice
[greɪp dʒuːs]
zumo de uva

En el bar

At the bar [at ðə bɑː]

beer
[bɪə]
cerveza

apple cider
[ˈapəl ˈsʌɪdə]
sidra

whisky
[ˈwɪski]
whisky

brandy
[ˈbrandi]
coñac

red wine
[rɛd wʌɪn]
vino tinto

white wine
[wʌɪt wʌɪn]
vino blanco

rosé wine
[ˈrəʊzeɪ wʌɪn]
vino rosado

The truth is in the wine.

[ðə truːθ ɪz ɪn ðə wʌɪn] En el vino está la verdad.

Wine is poetry in a bottle.

[wʌɪn ɪz ˈpəʊtri ɪn ə ˈbɒtəl] El vino es poesía embotellada.

White wine can also make your nose red.

[wʌɪt wʌɪn kæn ɔːlsəʊ meɪk jʊə nəʊz rɛd]

El vino blanco también te pone la nariz roja.

life
is too short
to drink
bad
wine

[lʌɪf ɪz tu: ʃɔːt tʊ drɪŋk bæd wʌɪn]

La vida es demasiado corta para beber mal vino.

———————

Johann Wolfgang von Goethe

Espresso
[ɛˈsprɛsəʊ]

Espresso Macchiato
[ɛˈsprɛsəʊ makɪˈɑːtəʊ]

Americano
[əmɛriˈkɑːnəʊ]

Coffee Affogato
[kɒfi afəˈgɑːtəʊ]

En la cafetería

At the coffee shop [at ðə ˈkɒfi ʃɒp]

Espresso

café solo

Espresso macchiato

cortado

Americano

café americano

Coffee affogato

café con helado de vainilla

Milk coffee
[mɪlk ˈkɒfi]

Cappuccino
[kapʊˈtʃiːnəʊ]

Mocha
[ˈmɒkə]

Hot chocolate
[hɒt ˈtʃɒkələt]

Hot milk
[hɒt mɪlk]

Milk coffee
café con leche
Cappuccino
capuchino
Mocha
café vienés con leche y chocolate
Hot chocolate
chocolate caliente
Hot milk
leche caliente

Té

tea [tiː]

1. Black Tea ['blæk tiː]

té negro

2. Darjeeling Tea [dɑːˈdʒiːlɪŋ tiː]

té Darjeeling

3. Green tea [griːn tiː]

té verde

4. Earl Grey Tea [əːl greɪ tiː]

té Earl Grey

5. Oolong Tea [ˈuːlɒŋ tiː]

té oolong

English Afternoon Tea

[ˈɪŋglɪʃ ɑːftəˈnuːn tiː]

Excuse me, I would like to order, please.

[ɪk'skjuːz miː ʌɪ wəd lʌɪk tʊ 'ɔːdə pliːz]

Disculpe, me gustaría pedir.

What would you recommend?

[wɒt wʊd juː rɛkə'mɛnd]

¿Qué me recomienda?

En el restaurante

In the restaurant [ɪn ðə ˈrɛstərɒŋ]

---

restaurant [ˈrɛstərɒŋ] restaurante

menu [ˈmɛnjuː] carta

starter [ˈstɑːtə] entrante

main course [meɪn kɔːs] plato principal

dessert [dɪˈzɜːt] postre

Do you have a table for two?   ¿Tiene mesa para
[duː juː hæv ə ˈteɪbəl fɔː tuː]   dos personas?

What is today's special?   ¿Cuál es el plato del día?
[wɒt ɪz təˈdeɪz ˈspɛʃəl]

What would you recommend?   ¿Qué me recomienda?
[wɒt wʊd juː rɛkəˈmɛnd]

I would like…   Querría…
[aɪ wʊd laɪk]

1. salad fork ['sæləd fɔːk]
   tenedor de entrante

2. dinner fork ['dɪnə fɔːk]
   tenedor

3. dinner knife ['dɪnə naɪf]
   cuchillo

4. salad knife ['sæləd naɪf]
   cuchillo de entrante

5. soup spoon [suːp spuːn]
   cuchara sopera

6. butter knife ['bʌtə naɪf]
   cuchillo para mantequilla

7. dessert fork [dɪ'zɜːt fɔːk]
   tenedor de postre

8. dessert spoon [dɪ'zɜːt spuːn]
   cucharilla

9. bread plate [brɛd pleɪt]
   plato del pan

10. main plate [meɪn pleɪt]
    plato

11. water glass ['wɔːtə glɑːs]
    vaso de agua

12. red wine glass [rɛd waɪn glɑːs]
    copa de vino tinto

13. white wine glass [waɪt waɪn glɑːs]
    copa de vino blanco

A mesa puesta

Formal table setting [ˈfɔːməl ˈteɪbəl ˈsɛtɪŋ]

pepper
[ˈpɛpə]
pimienta

salt
[sɔːlt]
sal

los condimentos

Seasonings [ˈsiːzənɪŋz]

chili powder
[ˈtʃɪlɪ ˈpaʊdə]
guindilla en polvo

pesto
[ˈpɛstəʊ]
pesto

curry powder
[ˈkʌrɪ ˈpaʊdə]
curri

mustard	tomato sauce	mayonnaise
[ˈmʌstəd]	[təˈmɑːtəʊ sɔːs]	[meɪəˈneɪz]
mostaza	salsa de tomate	mayonesa

sugar	sweetener
[ˈʃʊgə]	[ˈswiːtənə]
azúcar	edulcorante

paprika powder	parmesan	soy sauce
[ˈpæprɪkə ˈpaʊdə]	[pɑːmɪˈzan]	[sɔɪ sɔːs]
pimentón	parmesano	salsa de soja

meal	[miːl]	comida
breakfast	[ˈbrɛkfəst]	desayuno
lunch	[lʌntʃ]	almuerzo
dinner	[ˈdɪnə]	cena

Enjoy your meal!

[ɛnˈdʒɔɪ jɔː miːl]

¡Buen provecho!

May I have the bill, please?
[meɪ aɪ hæv ðə bɪl pliːz]

La cuenta, por favor.

The food was very good!
[ðə fuːd wɒz 'vɛrɪ gʊd]

La comida estaba muy buena.

Delicious!
[dɪ'lɪʃəs]

¡Delicioso!

Keep the change.
[kiːp ðə tʃeɪndʒ]

Quédese la vuelta.

tip
[tɪp]

propina

strawberry jam
['strɔːbərɪ dʒæm]
mermelada de fresa

honey
['hʌnɪ]
miel

butter
['bʌtə]
mantequilla

orange marmalade
['ɒrɪndʒ'mɑːməleɪd]
mermelada de naranja

toast
[təʊst]
tostada

beans on toast
[biːnz ɒn təʊst]
tostadas con judías

scrambled eggs
['skrambəld ɛgz]
huevos revueltos

El desayuno

Breakfast [ˈbrɛkfəst]

fried egg
[fraɪd ɛg]
huevo frito

muesli
[ˈmjuːzlɪ]
muesli

full English breakfast
[fʊl ˈɪŋglɪʃ ˈbrɛkfəst]
desayuno completo inglés

soft-boiled egg
[sɒft-bɒɪld ɛg]
huevo pasado por agua

yogurt
[ˈjəʊgət]
yogur

El plato principal

Main course [meɪn kɔːs]

Sunday roast
[ˈsʌndeɪ rəʊst]
asado de los domingos

fish and chips
[fɪʃ ænd tʃɪps]
pescado con patatas fritas

shepherd's pie
[ˈʃɛpədz paɪ]
pastel de carne picada
y puré de patata

steak and kidney pie
[steɪk ænd ˈkɪdnɪ paɪ]
pastel de ternera y riñones

toad in the hole
[təʊd ɪn ðə həʊl]
salchichas en budín

stew and dumplings
[stjuː ænd ˈdʌmplɪŋz]
estofado y *dumplings*

Tentempiés

Snacks [snaks]

cheese on toast
[tʃiːz ɒn təʊst]
tostadas de queso

cheese and cucumber sandwich
[tʃiːz ænd ˈkjuː kʌmbə ˈsænwɪdʒ]
sándwich de pepino y queso

tomato soup
[təˈmɑːtəʊ suːp]
sopa de tomate

tuna salad
[ˈtjuːnəˈsaləd]
ensalada de atún

cheese and biscuits
[tʃiːz ænd ˈbɪskɪts]
queso y tostaditas

Postres

Dessert [diˈzəːt]

***

1. treacle pudding [ˈtriːkəl ˈpʊdɪŋ]

• • •

2. fruit salad [fruːt ˈsæləd]

• • •

3. cheese cake [tʃiːz keɪk]

• • •

4. custard pie [ˈkʌstəd paɪ]

• • •

5. apple pie and custard [ˈæpəl paɪ ænd ˈkʌstəd]

• • •

6. jam scones [dʒæm skɒnz]

• • •

7. chocolate eclair [ˈtʃɒkəlɪt eɪˈklɛə]

• • •

8. chocolate mousse [ˈtʃɒkəlɪt muːs]

• • •

9. trifle [ˈtraɪfəl]

• • •

10. strawberries and cream [ˈstrɔːbərɪz ænd kriːm]

• • •

11. jelly and ice cream [ˈdʒɛlɪ ænd aɪs kriːm]

1

3

2

4

5

7

6

8

9

10

11

los quesos

Cheeses [tʃiːzəs]

Lanark Blue
[ˈlanək bluː]

Dunlop
[ˈdʌnlɒp]

Scotla

Lancashire
[ˈlaŋkəʃɪə]

Garstang Blue
[ˈgastaŋ bluː]

Cheshire
[tʃɛʃɪə]

Staffordshire
[ˈstafədʃɪə]

Caerphilly
[kɛːˈfɪli]

Wale

West Country Cheddar
[wɛst ˈkʌntri ˈtʃɛdə]

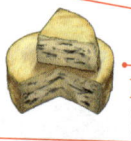

Exmoor Blue
[ˈɛksmɔː bluː]

Exeter

Cornish Blue
[ˈkɔːnɪʃ bluː]

Truro

Yarg
[jɑːg]

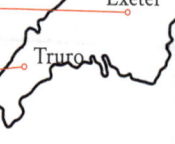

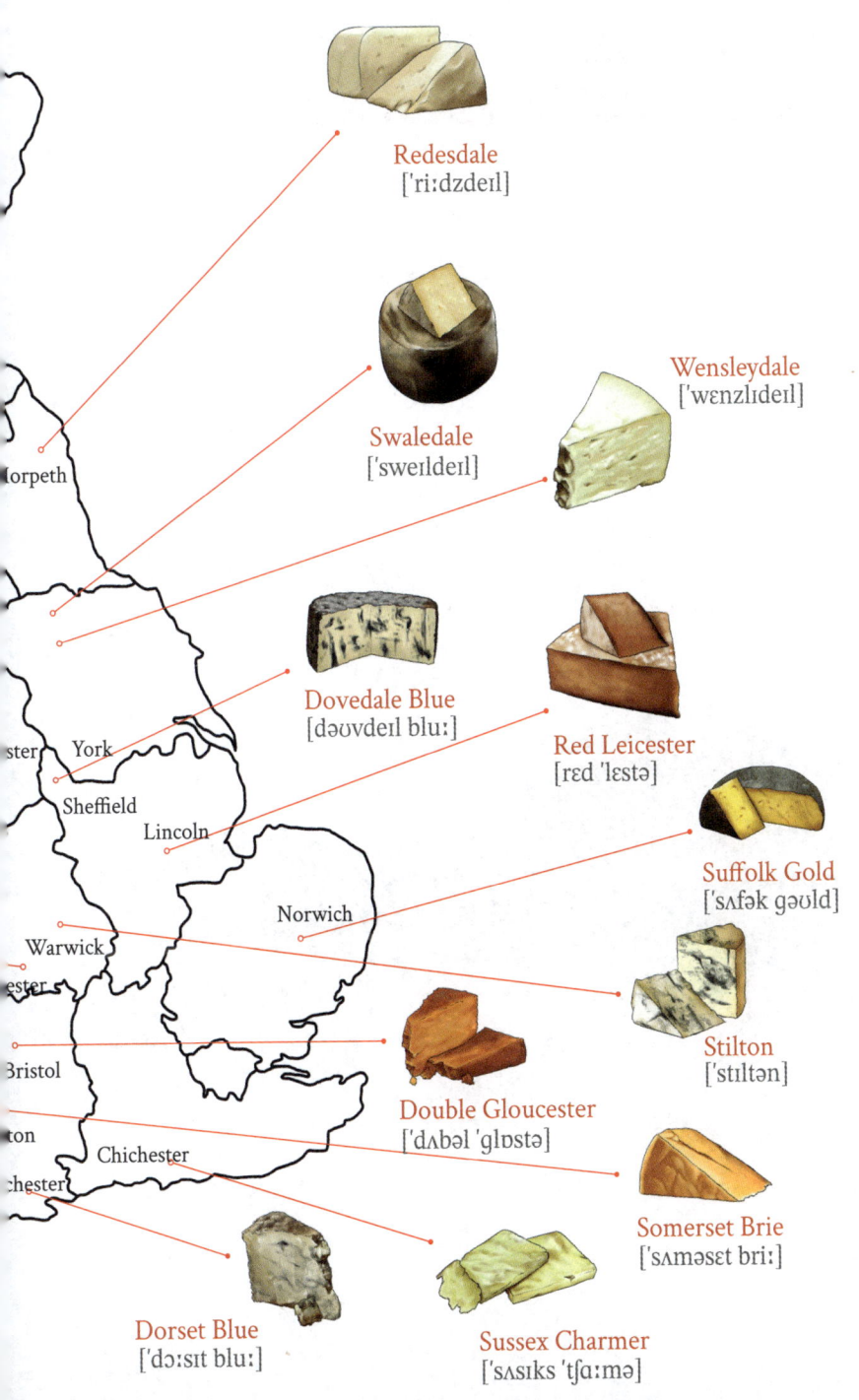

Redesdale
['riːdzdeɪl]

Swaledale
['sweɪldeɪl]

Wensleydale
['wɛnzlɪdeɪl]

Morpeth

Dovedale Blue
[dəʊvdeɪl bluː]

Red Leicester
[rɛd 'lɛstə]

York

Sheffield

Lincoln

Suffolk Gold
['sʌfək gəʊld]

Norwich

Warwick

Stilton
['stɪltən]

Bristol

Double Gloucester
['dʌbəl 'glɒstə]

Chichester

Somerset Brie
['sʌməsɛt briː]

Dorset Blue
['dɔːsɪt bluː]

Sussex Charmer
['sʌsɪks 'tʃɑːmə]

Hacer la compra

Places to shop [pleɪsɪz tuː ʃɒp]

Tesco
Asda
Sainsbury
Co-op
Morrisons
Aldi
The Co-operative
M&S
Waitrose
Lidl
Iceland

shopping centre

[ˈʃɒpɪŋ ˈsɛntə]

centro comercial

shop

[ʃɒp]

tienda

supermarket

[ˈsuːpəmɑːkɪt]

supermercado

department store

[dɪˈpɑːtmənt stɔː]

grandes almacenes

Los caprichos

Everything your heart desires [ˈɛvrɪθɪŋ jɔː hɑːt dɪˈzʌɪəz]

cosmetic shop
[kɒzˈmɛtɪk ʃɒp]

la perfumería

hair salon
[hɛːˈsælɒn]

la peluquería

jewellery shop
[ˈdʒuːəlri ʃɒp]

la joyería

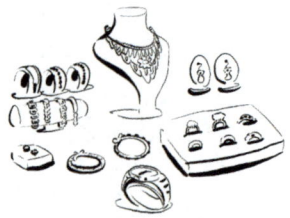

flower shop
[ˈflaʊə ʃɒp]

la floristería

fashion boutique
[ˈfaʃən buːˈtiːk]

la tienda de moda

shoe shop
[ʃuː ʃɒp]

la zapatería

souvenir shop
[suːvəˈnɪə ʃɒp]

la tienda de recuerdos

antique shop
[anˈtiːk ʃɒp]

el anticuario

I would like…
[ʌɪ wʊd lʌɪk]

Busco…

a shirt.
[ə ʃəːt]

una camisa.

a pair of trousers.
[ə pɛːr ɒv ˈtraʊzəz]

un pantalón.

a pair of shoes.
[ə pɛːr ɒv ʃuːz]

unos zapatos.

a pair of socks.
[ə pɛːr ɒv sɒks]

unos calcetines.

two blouses.
[tuː ˈblaʊzɪs]

dos blusas.

three jackets.
[θriː ˈdʒakɪts]

tres chaquetas.

four skirts.
[fɔː skəːts]

cuatro faldas.

five coats.
[fʌɪv kəʊts]

cinco abrigos.

How much does it cost?
[haʊ mʌtʃ dʌz ɪt kɒst]

¿Cuánto cuesta?

It costs … pounds.
[ɪt kɒsts paʊndz]

Cuesta … libras.

That is very expensive.
[ðæt ɪz 'vɛrɪ ɪk'spɛnsɪv]

Es muy caro.

Can you do better on price?
[kən juː duː 'bɛtə ɒn praɪs]

¿Me podría hacer un descuento?

That is very cheap.
[ðæt ɪz 'vɛrɪ tʃiːp]

Es muy barato.

No more, thanks.
[nəʊ mɔː θæŋks]

Gracias, eso es todo.

The price is reasonable.
[ðə praɪs ɪz 'riːzənəbəl]

El precio es razonable.

It's too short / too long.
[ɪts tuː ʃɔːt / tuː lɒŋ]

Es muy corto / muy largo.

It's too loose / too tight.
[ɪts tuː luːs / tuː taɪt]

Es muy ancho / muy estrecho.

May I try it on?
[meɪ aɪ traɪ ɪt ɒn]

¿Me lo puedo probar?

Where is the fitting room?
[wɛːr ɪz ðə ˈfɪtɪŋ ruːm]

¿Dónde están los probadores?

On sale

[ɒn seɪl]

Ofertas

At a reduced price

[æt ə rɪˈdjuːst praɪs]

Precio rebajado

Promotion

[prəˈməʊʃən]

Promoción

Discount

[dɪsˈkaʊnt]

Descuento

Los colores

Colours [ˈkʌləs]

white
[waɪt]
blanco

black
[blæk]
negro

orange
[ˈɒrɪndʒ]
naranja

brown
[braʊn]
marrón

grey
[greɪ]
gris

light blue
[laɪt bluː]
azul

light
[laɪt]
claro

dark
[dɑːk]
oscuro

red
[rɛd]
rojo

pink
[pɪŋk]
rosa

yellow
[ˈjɛləʊ]
amarillo

green
[griːn]
verde

dark blue
[dɑːk ˈbluː]
azul marino

purple
[ˈpɜːpəl]
lila

Los números

Numbers [ˈnʌmbəs]

0	zero	[ˈzɪərəʊ]
1	one	[wʌn]
2	two	[tuː]
3	three	[θriː]
4	four	[fɔː]
5	five	[faɪv]
6	six	[sɪks]
7	seven	[ˈsɛvən]
8	eight	[eɪt]
9	nine	[naɪn]
10	ten	[tɛn]
11	eleven	[ɪˈlɛvən]
12	twelve	[twɛlv]
13	thirteen	[θəːˈtiːn]
14	fourteen	[fɔːˈtiːn]
15	fifteen	[fɪfˈtiːn]
16	sixteen	[sɪksˈtiːn]
17	seventeen	[sɛvənˈtiːn]
18	eighteen	[eɪˈtiːn]
19	nineteen	[nʌɪnˈtiːn]
20	twenty	[ˈtwɛnti]
21	twenty-one	[twɛntɪ ˈwʌn]
22	twenty-two	[twɛntɪ ˈtuː]
23	twenty-three	[twɛntɪ ˈθriː]
24	twenty-four	[twɛntɪ ˈfɔː]
25	twenty-five	[twɛntɪ ˈfaɪv]
26	twenty-six	[twɛntɪ ˈsɪks]

27	twenty-seven	[twɛntɪ ˈsɛvən]
28	twenty-eight	[twɛntɪ ˈeɪt]
29	twenty-nine	[twɛntɪ ˈnaɪn]
30	thirty	[ˈθəːti]
40	forty	[ˈfɔːti]
50	fifty	[ˈfɪfti]
60	sixty	[ˈsɪksti]
70	seventy	[ˈsɛvənti]
80	eighty	[ˈeɪti]
90	ninety	[ˈnʌɪnti]
100	one hundred	[wʌn ˈhəndrəd]
101	one hundred and one	[wʌn ˈhəndrəd ænd wʌn]
102	one hundred and two	[wʌn ˈhəndrəd ænd tuː]
200	two hundred	[tuː ˈhəndrəd]
300	three hundred	[θriː ˈhəndrəd]
400	four hundred	[fɔː ˈhəndrəd]
500	five hundred	[faɪv ˈhəndrəd]
600	six hundred	[sɪks ˈhəndrəd]
700	seven hundred	[ˈsɛvən ˈhəndrəd]
800	eight hundred	[eɪt ˈhəndrəd]
900	nine hundred	[naɪn ˈhəndrəd]
1000	one thousand	[wʌn ˈθaʊzənd]
10 000	ten thousand	[tɛn ˈθaʊzənd]
100 000	one hundred thousand	[wʌn ˈhəndrəd ˈθaʊzənd]
1 000 000	one million	[wʌn ˈmɪljən]

1

first

[fɜːst]

primer(o) / primera

2

second

[sɛkənd]

segundo/a

3

third

[θɜːrd]

tercero/a

cuarto/a	fourth	[fɔːθ]
quinto/a	fifth	[fɪfθ]
sexto/a	sixth	[sɪksθ]
séptimo/a	seventh	[ˈsɛvənθ]
octavo/a	eighth	[eɪtθ]
noveno/a	ninth	[naɪnθ]
décimo/a	tenth	[tɛnθ]

¿Cuándo?

When was that? [hwɛn wɒz ðat]

yesterday
[ˈjɛstədeɪ]
ayer

yesterday evening
[ˈjɛstədeɪ ˈivnɪŋ]
ayer por la noche

the day before yesterday
[ðə deɪ bɪˈfɔː ˈjɛstədeɪ]
antes de ayer

last week
[lɑːst wiːk]
la semana pasada

last year
[lɑːst jɪə]
el año pasado

today

[tə'deɪ]

hoy

tomorrow

[tə'mɒrəʊ]

mañana

the day after tomorrow

[ðə deɪ 'ɑːftə tə'mɒrəʊ]

pasado mañana

next week

[nɛkst wiːk]

la semana que viene

next year

[nɛkst jɪə]

el año que viene

Las horas

All about time [ɔːl əˈbaʊt tʌɪm]

time [taɪm]	la hora
clock [klɒk]	reloj
second [ˈsɛkənd]	segundo
seconds [ˈsɛkəndz]	segundos
minute [ˈmɪnɪt]	minuto
minutes [ˈmɪnɪts]	minutos
quarter of an hour [ˈkwɔːtə ɒv aːn aʊə]	cuarto de hora
half an hour [hɑːf aːn aʊə]	media hora
hour [aʊə]	hora
hours [aʊəz]	horas

morning

[ˈmɔːnɪŋ]

la mañana

noon

[nuːn]

el mediodía

afternoon

[ɑːftəˈnuːn]

la tarde

evening

[iːvnɪŋ]

la tarde-noche

night

[naɪt]

la noche

midnight

[ˈmɪdnaɪt]

la medianoche

early

[ɜːlɪ]

temprano

late

[leɪt]

tarde

What time is it?

[wɒt taɪm ɪz ɪt]

¿Qué hora es?

7:10 hrs.
It's ten past seven a.m.
[ɪts tɛn pɑːst 'sɛvən eɪ'ɛm]
Son las siete y diez de la mañana.

It's one a. m.
[ɪts wʌn eɪˈɛm]

Es la una de la tarde.

7:15 hrs.
It's a quarter past seven a. m.
[ɪts eɪ ˈkwɔːtə pɑːst ˈsɛvən eɪˈɛm]
Son las siete y cuarto de la mañana.

8:00 hrs.
It's eight a. m.
[ɪts eɪt eɪˈɛm]
Son las ocho de la mañana.

9:50 hrs.

It's ten to ten a. m.

[ɪts tɛn tuː tɛn eɪˈɛm]

Son las diez menos diez de la mañana.

10:00 hrs.

It's ten a. m.

[ɪts tɛn eɪˈɛm]

Son las diez de la mañana.

10:10 hrs.

It's ten past ten a. m.

[ɪts tɛn paːst tɛn eɪˈɛm]

Son las diez y diez de la mañana.

10:30 hrs.

It's half past ten a. m.

[ɪts haːf paːst tɛn eɪˈɛm]

Son las diez y media de la mañana.

12:00 hrs.
It's midday.
[ɪts mɪdˈdeɪ]
Es mediodía.

19:55 hrs.
It's five to eight p.m.
[ɪts faɪv tuː eɪt piːˈɛm]
Son las ocho menos cinco de la tarde.

22:00 hrs.
It's ten p.m.
[ɪts tɛn piːˈɛm]
Son las diez de la noche.

00:00 hrs.
It's midnight.
[ɪts ˈmɪdnʌɪt]
Es medianoche.

Los siete días de la semana

Seven days a week

['sɛvən deɪz ə wiːk]

Sunday	Monday	Tuesday
['sʌndeɪ]	['mʌndeɪ]	['tjuːzdeɪ]
domingo	lunes	martes

work day [wɜːk deɪ]	día laborable	
weekend [wiːk'ɛnd]	fin de semana	
holiday ['hɒlɪ deɪ]	día festivo	
rest day [rɛst deɪ]	día libre	

Wednesday	**Thursday**	**Friday**	**Saturday**
[ˈwɛnzdeɪ]	[ˈθɜːzdeɪ]	[ˈfrʌɪdeɪ]	[ˈsatədeɪ]
miércoles	jueves	viernes	sábado

What day is it today?
[wɒt deɪ ɪz ɪt təˈdeɪ]

¿Qué día de la semana es hoy?

It's Monday.
[ɪts ˈmʌndeɪ]

Hoy es lunes.

What date is it today?
[wɒt deɪt ɪz ɪt təˈdeɪ]

¿Qué fecha es hoy?

It's the 10th of January.
[ɪts ðə tɛnθ ɒv ˈdʒanjʊəri]

Hoy es 10 de enero.

Is today a holiday?
[ɪz təˈdeɪ ə ˈhɒlɪdeɪ]

¿Hoy es día festivo?

1

January

[ˈdʒanjʊəri]

enero

2

February

[ˈfɛbrʊəri]

febrero

5

May

[meɪ]

mayo

6

June

[dʒuːn]

junio

9

September

[sɛpˈtɛmbə]

septiembre

10

October

[ɒkˈtəʊbə]

octubre

Los doce meses del año

The twelve months of the year [ðə twɛlv mʌnθ ɒv ðə jɪə]

3
March
[mɑːtʃ]
marzo

4
April
[ˈeɪprəl]
abril

7
July
[dʒuːˈlaɪ]
julio

8
August
[ˈɔːgəst]
agosto

11
November
[nəʊˈvɛmbə]
noviembre

12
December
[dɪˈsɛmbə]
diciembre

El tiempo y las estaciones

The weather and seasons [ðə ˈwɛðə ənd ˈsiːzənz]

spring

[sprɪŋ]

primavera

summer

[ˈsʌmə]

verano

autumn

[ˈɔːtəm]

otoño

winter

[ˈwɪntə]

invierno

What's the weather like today?
[wɒts ðə wɛðə lʌɪk təˈdeɪ]

¿Qué tiempo hace hoy?

The weather is fine today
[ðə wɛðər ɪz fʌɪn təˈdeɪ]

Hoy hace buen tiempo.

It's sunny.
[ɪts ˈsʌni]

Hace sol.

The weather is bad today.
[ðə wɛðər ɪz bad təˈdeɪ]

Hoy hace mal tiempo.

It's hot.
[ɪts hɒt]

Hace calor.

It's very hot.
[ɪts ˈvɛri hɒt]

Hace mucho calor.

I'm boiling.
[ʌɪm ˈbɔɪlɪŋ]

Tengo mucho calor.

It's really cold.
[ɪts ˈrɪəli kəʊld]

Hace mucho frío.

I'm freezing.
[ʌɪm ˈfriːzɪŋ]

Tengo mucho frío.

It's windy.
[ɪts ˈwɪndi]

Hace viento.

It's foggy.
[ɪts ˈfɒgi]

Hay niebla.

It's rainy.
[ɪts ˈreɪni]

Está lloviendo.

It's drizzling.
[ɪts ˈdrɪzlɪŋ]

Está lloviznando.

It's snowing.
[ɪts snəʊɪŋ]

Está nevando.

forehead
['fɒrɪd] frente

eye
[ʌɪ] ojo

nose
[nəʊz] nariz

mouth
[maʊθ] boca

teeth
[tiːθ] dientes

tongue
[tʌŋ] lengua

chin
[tʃɪn] barbilla

fingers
['fɪŋɡəz]
dedos

hand
[hænd]
mano

waist
[weɪst]
cintura

hip
[hɪp]
cadera

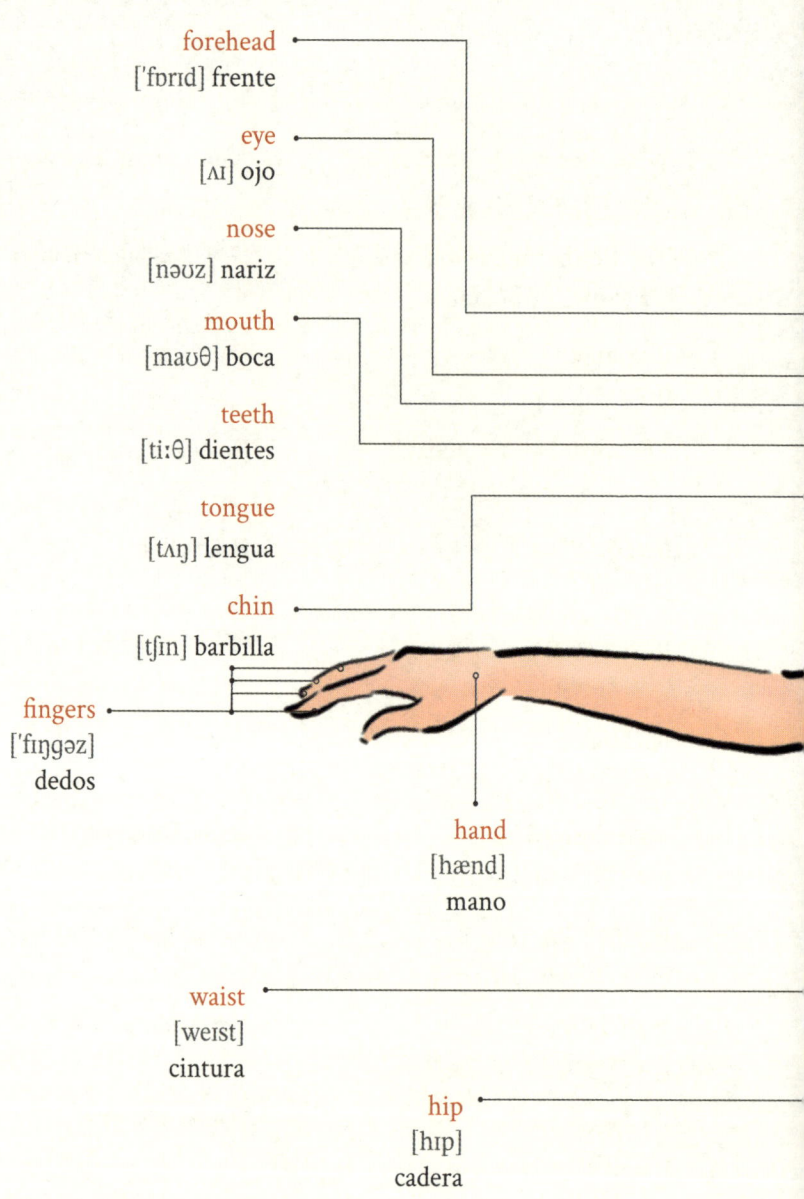

Las partes del cuerpo

Parts of the body [pɑːts ɒv ðə 'bɒdɪ]

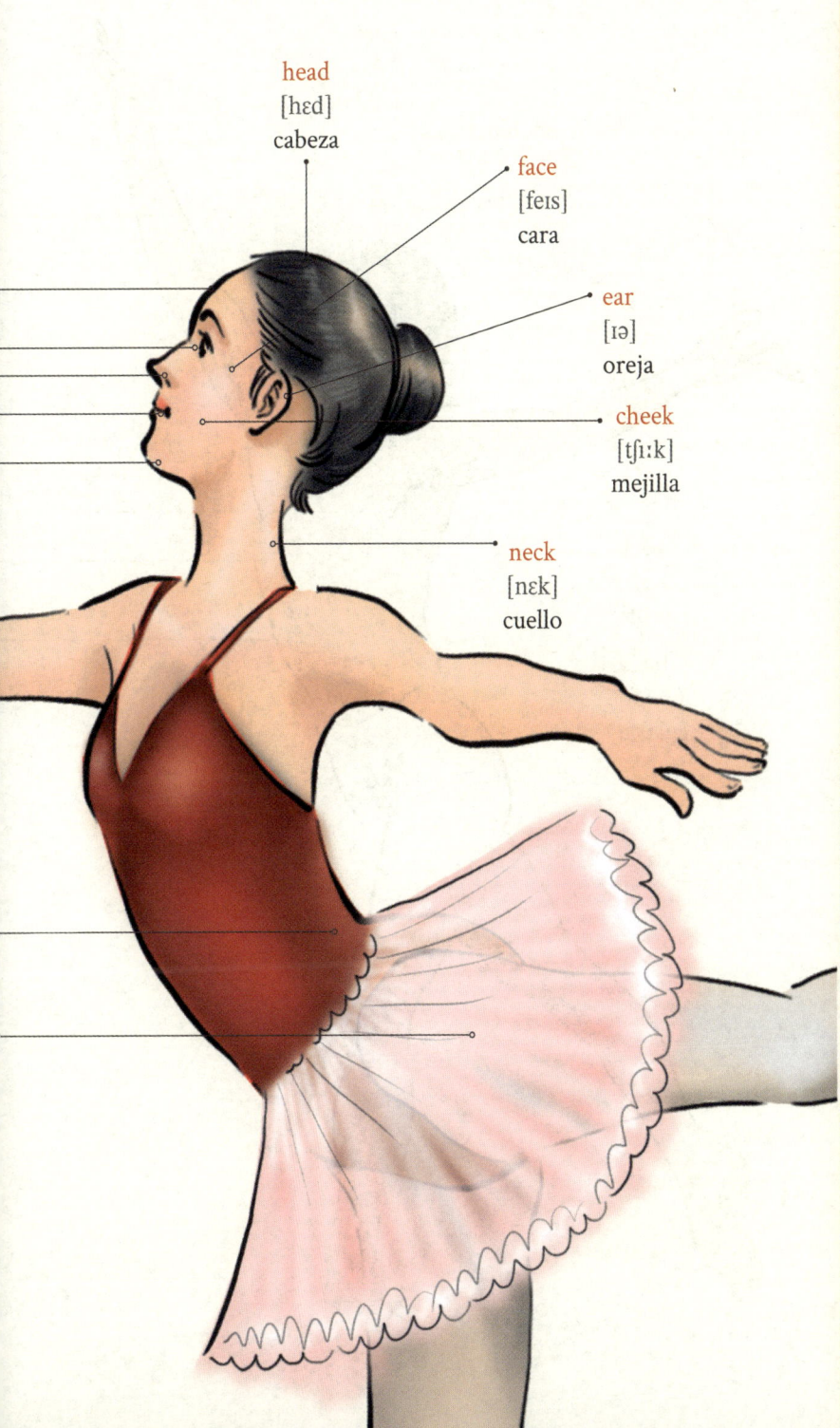

head
[hɛd]
cabeza

face
[feɪs]
cara

ear
[ɪə]
oreja

cheek
[tʃiːk]
mejilla

neck
[nɛk]
cuello

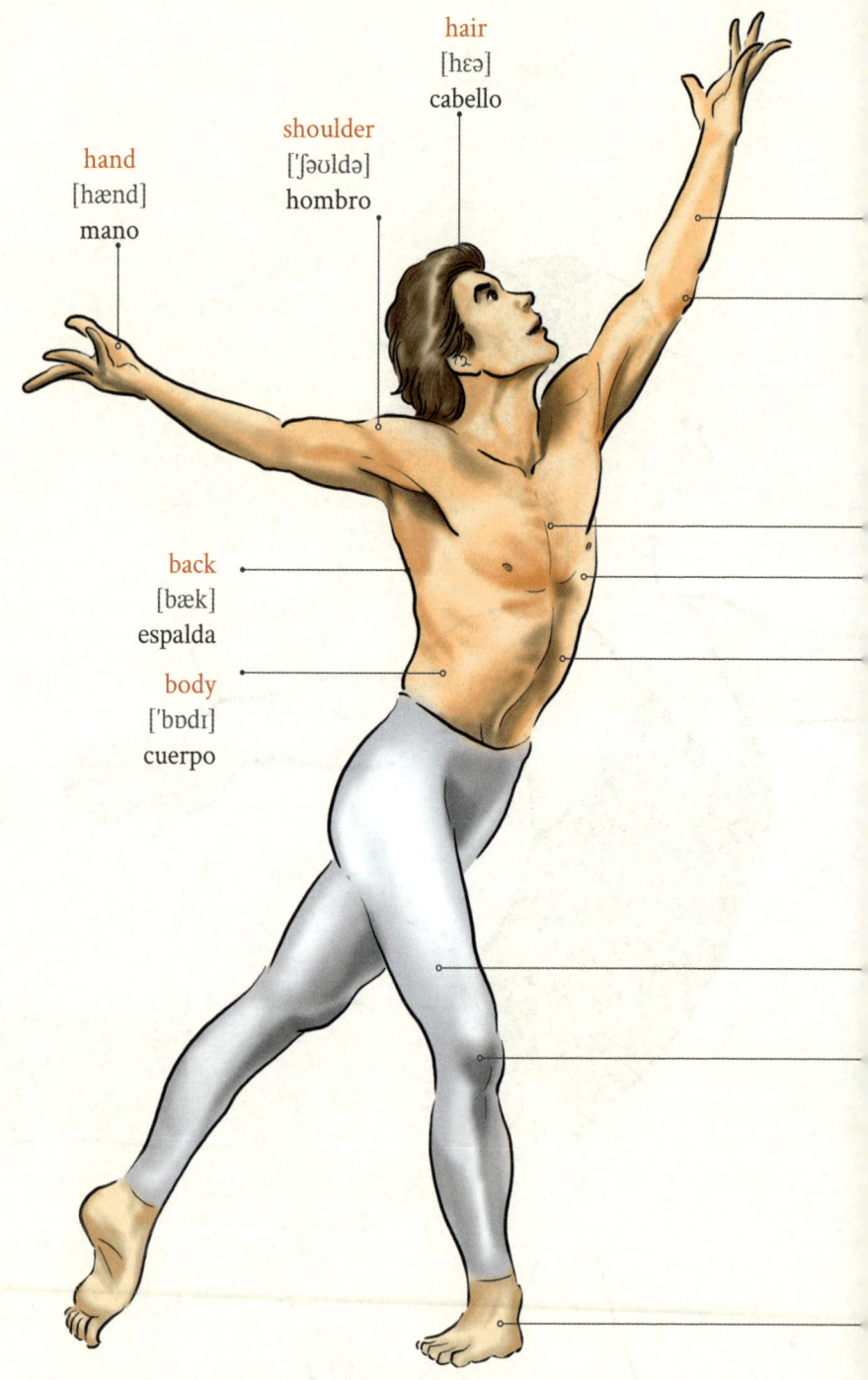

hair
[hɛə]
cabello

shoulder
['ʃəʊldə]
hombro

hand
[hænd]
mano

back
[bæk]
espalda

body
['bɒdɪ]
cuerpo

arm
[ɑːm]
brazo

elbow
[ˈɛlbəʊ]
codo

chest
[tʃɛst]
pecho

heart
[hɑːt]
corazón

stomach
[ˈstʌmək]
estómago

leg
[lɛg]
pierna

knee
[niː]
rodilla

foot
[fʊt]
pie

Cuando caes enfermo

When one feels sick [wɛn wʌn fiːlz sɪk]

I don't feel well. [aɪ dəʊnt fiːl wɛl]	Estoy enfermo.
I need to vomit. [aɪ niːd tuː ˈvɒmɪt]	Voy a vomitar.
I feel nauseous. [aɪ fiːl ˈnɔːzɪəs]	Tengo náuseas.
It hurts here. [ɪt hɜːts hɪə]	Me duele aquí.
I have a fever. [aɪ hæv ə ˈfiːvə]	Tengo fiebre.
I have a headache. [aɪ hæv ə ˈhɛd eɪk]	Me duele la cabeza.
I have a stomachache. [aɪ hæv ə ˈstʌməkeɪk]	Me duele la barriga.

I have a sore throat.
[aɪ hæv ə sɔ: θrəʊt]

Me duele la garganta.

I have backache.
[aɪ hæv 'bakeɪk]

Me duele la espalda.

I have a toothache.
[aɪ hæv ə 'tu:θeɪk]

Tengo dolor de muelas.

I am constipated.
[ʌɪ am 'kɒnstɪpeɪtɪd]

Tengo estreñimiento.

I have diarrhoea.
[aɪ hæv dʌɪə'rɪə]

Tengo diarrea.

I have an allergy.
[aɪ hæv ən 'alədʒi]

Tengo una alergia.

I have a rash.
[aɪ hæv ə raʃ]

Tengo un sarpullido.

The pharmacy

[ðə ˈfɑːməsi] la farmacia

hospital
[ˈhɒspɪtəl] hospital

medicine
[ˈmɛdɪsɪn] medicamento

doctor
[ˈdɒktə] médico/a, doctor/a

dentist
[ˈdɛntɪst] dentista

optometrist
[ɒpˈtɒmɪtrɪst] optometrista

nurse
[nəːs] enfermero/a

ambulance
[ˈambjʊləns] ambulancia

Bless you!

[blɛs juː]

¡Salud!

Atishoo~!

Urgencias

Emergencies [ɪˈməːdʒənsɪz]

Where is the toilet?
[weːr ɪz ðə ˈtɔɪlɪt]

¿Dónde está el baño?

I need to go to the toilet.
[ʌɪ niːd tʊ ɡəʊ tʊ ðə ˈtɔɪlɪt]

Necesito ir al baño.

Is there a public toilet near here?

[ɪz ðɛːr ə ˈpʌblɪk ˈtɔɪlɪt nɪə hɪə]

¿Hay un baño público por aquí?

I need to go to the hospital.

[ʌɪ niːd tʊ gəʊ tʊ ðə ˈhɒspɪtəl]

Tengo que ir al hospital.

Call the police, please!
[kɔːl ðə pəˈliːs pliːz]

¡Llamen a la policía!

Careful!

['kɛ:fʊl]

¡Cuidado!

Help!

[hɛlp]

¡Ayuda!

Fire!

[ˈfʌɪə]

¡Fuego!

Emergency!

[ɪˈməːdʒənsi]

¡Emergencia!

¿Qué significan las señales?

What do these signs say? [wɒt duː ðiːz saɪnz seɪ]

WARNING

[ˈwɔːnɪŋ]

PRECAUCIÓN

NO ENTRY

[nəʊ ˈɛntri]

PROHIBIDO EL PASO

RESTRICTED AREA

[rɪˈstrɪktɪd ˈɛːrɪə]

ÁREA RESTRINGIDA

DANGER OF DEATH

[ˈdeɪndʒr ɒv dɛθ]

PELIGRO DE MUERTE

DETOUR

[ˈdiːtʊə]

DESVÍO

TAXI STAND

[ˈtaksi stand]

PARADA DE TAXI

PARKING

['pɑːkɪŋ]

APARCAMIENTO

ONE WAY

[wʌn weɪ]

SENTIDO ÚNICO

NO PARKING

[nəʊ 'pɑːkɪŋ]

PROHIBIDO APARCAR

PUBLIC PARKING PROHIBITED

['pʌblɪk 'pɑːkɪŋ prə'hɪbɪtɪd]

APARCAMIENTO PRIVADO

BEWARE OF DOG

[bɪ'wɛː ɒv dɒg]

CUIDADO CON EL PERRO

SCHOOL

[skuːl]

ATENCIÓN, COLEGIO

NOTICE: AUTHORIZED
PERSONNEL ONLY

[ˈnəʊtɪs ˈɔːθərʌɪzd pɜːsəˈnɛl ˈəʊnli]

SOLO PERSONAL
AUTORIZADO

RESERVED PARKING
FOR RESIDENTS ONLY

[rɪˈzəːvd ˈpɑːkɪŋ fɔː ˈrɛzɪdənts ˈəʊnli]

APARCAMIENTO SOLO
PARA RESIDENTES

FIRST AID

[fɜːst eɪd]

PRIMEROS AUXILIOS

EMERGENCY DEPARTMENT

[ɪˈməːdʒənsi dɪˈpɑːtmənt]

URGENCIAS

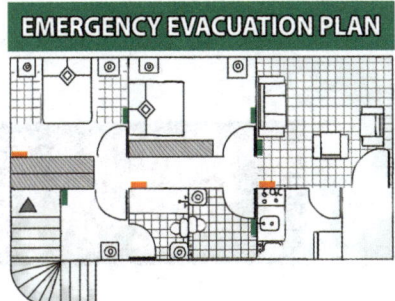

EMERGENCY
EVACUATION PLAN
[ɪˈmɜːdʒənsi ɪˈvakjʊeɪʃən plan]

PLANO DE EVACUACIÓN

FIRE EXIT

[ˈfʌɪər ˈɛgzɪt]

SALIDA DE INCENDIOS

EMERGENCY EXIT

[ɪˈmɜːdʒənsi ˈɛgzɪt]

SALIDA DE EMERGENCIA

PEDESTRIAN CROSSING

[pɪˈdɛstrɪən ˈkrɒsɪŋ]

PASO DE PEATONES

POST OFFICE

[pəʊst ˈɒfɪs]

OFICINA DE CORREOS

NO FOOD OR DRINK ALLOWED

[nəʊ fuːd ɔː drɪŋk əˈlaʊd]

PROHIBIDO COMER O BEBER

CINEMA

[ˈsɪnɪmə]

CINE

DO NOT DISTURB

[duː nɒt dɪˈstɜːb]

NO MOLESTAR

NO SMOKING

[nəʊ ˈsməʊkɪŋ]

PROHIBIDO FUMAR

WOMEN

[ˈwɪmɪn]

ASEO PARA MUJERES

MEN

[mɛn]

ASEO PARA HOMBRES

OPEN

['əʊpən]

ABIERTO

CLOSED

[kləʊzd]

CERRADO

PUSH

[pʊʃ]

EMPUJAR

PULL

[pʊl]

TIRAR

SELF-SERVICE

[sɛlf-'səːvɪs]

AUTOSERVICIO

RESERVED

[rɪ'zəːvd]

RESERVADO

Expresiones malsonantes

Este es un capítulo un poco peculiar: trata sobre las expresiones malsonantes que proferimos en momentos de enfado o fastidio.

Puede que te sorprenda encontrar este tema en un libro dedicado al primer contacto con una lengua extranjera, ya que en otros libros de idiomas no suele incluirse. Pero, aunque es peliagudo, creemos que es indispensable, porque conocer cómo se usan las expresiones malsonantes puede ahorrarte verte en medio de situaciones no deseadas.

Evidentemente, las palabrotas existen en todo el mundo, no solo en Inglaterra. Es una forma de comunicación que interiorizamos desde niños, pero debemos aprender a lidiar con ella. A veces las decimos de una forma tan automática que ni siquiera reparamos en ellas. Y en algunas ocasiones, cuando nos damos cuenta de que las hemos dicho, ya no hay vuelta atrás.

Estas expresiones malsonantes tienen la función de calmarnos cuando sentimos emociones intensas de rabia, decepción, susto, asombro o alegría, entre otras. Y pueden ser más o menos graves, dependiendo de la palabra, del énfasis o de la situación en la que se pronuncian. Unas veces son un simple murmullo para nosotros mismos que nos sirve para desahogarnos. Otras veces, en cambio, se trata de insultos fuertes y muy hirientes hacia otras personas.

Aunque los ingleses tienden a guardar las formas, al escucharles hablar, oirás a menudo expresiones malsonantes. Probablemente, ellos mismos no son demasiado conscientes de que las usan con tanta frecuencia. Pero no se trata de un rasgo exclusivo del inglés, claro: ya hemos apuntado que estas expresiones existen en todas las lenguas, que las emplean de modo parecido en la vida cotidiana.

Así pues, no tenemos la intención de denigrar esta lengua asociándola a este tipo de expresiones, sino que pretendemos enseñarte a no meter la pata con ellas. Si las escuchas e intentas copiarlas al hablar, es muy probable que no des con el grado exacto de énfasis, que no las utilices en el momento adecuado o que no se correspondan con la relación que tienes con la persona con quien hablas.

En resumen, no debes obviarlas, pero tampoco repetirlas como un loro. Como extranjero, debes conocerlas bien, pero usarlas con sumo cuidado y solo cuando tengas la certeza absoluta de que son pertinentes. Saber manejarte con estas expresiones te ahorrará situaciones embarazosas. Esta es una de las virtudes de este libro.

¡Vamos allá!

La primera palabra de la que te hablaremos es *shit*. Esta palabra se refiere al resultado final del proceso digestivo. Podríamos dar su traducción al español, pero no hace falta, ¿verdad? Todo el mundo conoce el uso de esta palabra, que tiene equivalentes en todos los idiomas. Así que no hace falta entrar en más detalles. Cuando oigas «Shit!», ya sabes por dónde van los tiros.

Ahora hablaremos de unas expresiones de significado muy parecido y que se usan en contextos similares. En primer lugar, «Damn!» o «Dammit!», que literalmente significan «maldita sea». Las dos manifiestan enfado o disgusto, aunque la segunda resulta un poco más punzante que la primera.

Si todavía subimos un peldaño más, tenemos «Goddamn!», con la que ya se maldice al mismísmo Dios. Sin embargo, al decirla los hablantes no piensan en absoluto en esta alusión, sino que es algo irreflexivo. Al fin y al cabo, las palabrotas se dicen sin más.

Si los ingleses quieren expresar que están muy en desacuerdo con algo y que les resulta un auténtico disparate, usan el término «Bollocks!», que se refiere de forma literal y vulgar a los testículos masculinos.

Curiosamente, también existe la expresión «This is the dog's bollocks!», que alude a los testículos de un perro y tiene un sentido positivo, ya que se utiliza para referirse a algo estupendo. Por qué el mismo término puede emplearse con dos connotaciones tan distintas es un misterio que no nos corresponde a nosotros desentrañar.

Y ahora vamos a adentrarnos en el infierno con la expresión «Bloody hell!», que significa «infierno sangriento» y es una forma de mostrar un gran enfado e irritación. Sin duda, hay que estar muy furioso para imaginar un escenario tan cruel.

En este apartado tampoco podemos olvidarnos de «Shut up!», una manera muy poco educada de pedir a alguien que se calle.

Si los ingleses leyeran las palabras que describiremos a continuación, se horrorizarían: les resultan demasiado ofensivas. Por lo tanto, para que nadie se pueda sentir herido al toparse con ellas, utilizaremos un sencillo código para nombrarlas. No escribiremos las palabras tal cual, sino que tendrás que llegar a ellas a partir de las iniciales de los nombres que aparecen en el alfabeto internacional para deletrear textos. Por eso, no te extrañes si encuentras términos en inglés.

La primera palabra a la que nos referiremos es Foxtrot, Uniform, Charlie, Kilo. Se trata de una palabrota que se alude al acto sexual y que se usa para manifestar un fuerte disgusto. Si a dicho término le añadimos un «off», expresaremos de forma bastante maleducada que la persona a la que nos dirigimos debería marcharse de inmediato.

Para ofender fuertemente a alguien es habitual compararle con la parte final del tubo digestivo, es decir, llamarle Alfa, Romeo, Sierra, Echo, Hotel, Oscar, Lima, Echo. En Estados Unidos se escribe de forma ligeramente distinta (Alfa, Sierra, Sierra, Hotel, Oscar, Lima, Echo), pero el significado es el mismo.

Además, para insultar a una mujer se suele usar el término Bravo, India, Tango, Charlie, Hotel, que es un modo despectivo de refererirse a una prostituta, aunque en el contexto del insulto no se tiene en mente este sentido de forma literal.

Finalmente, para herir a un hombre se utiliza también la expresión Sierra, Oscar, November, Oscar, Foxtrot, Alfa, Bravo, India, Tango, Charlie, Hotel, que literalmente se refiere al hijo de una prostituta. Como en el caso anterior, no se pretende hacer esta correspondencia, sino que sirve para ofender de forma grave a la otra persona.

No nos ha resultado fácil presentarte este tema tan sensible, pero está claro que no podemos omitirlo si queremos darte la mayor confianza posible en tu primer contacto con el inglés.

Aunque podríamos seguir ahondando en estas cuestiones, lo más importante es tener estos conceptos claros para no meter la pata. No lo olvides: estas palabras o expresiones tienen gradaciones, expresan cosas distintas y podemos encontrarlas en todas las clases sociales.

Cuando escuches estas expresiones, debes cerciorarte de si el hablante está enfadado, descontento o furioso, o bien si charla en un tono alegre y despreocupado. Nuestro consejo es que intentes evitar a toda costa las palabras que te hemos presentado.

Recuerda que estas expresiones pueden dejarte en mal lugar, meterte en un brete o incluso poner en peligro tu integridad física. Y, si no las usas adecuadamente, también podrías ofender muchísimo a otra persona sin querer.

Bravo!
['brɑːvəʊ]
¡Bravo!

Brilliant!
['brɪljənt]
¡Genial!

Super!
['suːpə]
¡Fantástico!

Perfect!
['pɜːfɪkt]
¡Perfecto!

Halagos y cumplidos

Compliments [ˈkɒmplɪmənts]

Wonderful!
[ˈwʌndəfʊl]

¡Maravilloso!

Magnificient!
[magˈnɪfɪsənt]

¡Extraordinario!

Un toque de romanticismo

Romantic ['rəʊ'mantɪk]

You are so handsome.
[juː ɑː səʊ 'hansəm] Eres guapísimo.

You have got beautiful eyes.
[juː hav gɒt 'bjuːtɪfʊl aɪz] Tienes unos ojos preciosos.

You are unique.
[juː ɑː juːˈniːk] Eres especial.

I like you very much.
[aɪ laɪk juː 'vɛri mʌtʃ] Me gustas mucho.

I love you.
[aɪ lʌv juː] Te quiero.

I love you very much.
[aɪ lʌv juː 'vɛri mʌtʃ] Te quiero mucho.

You are so beautiful.

[juː ɑː səʊ ˈbjuːtɪfʊl]

Eres guapísima.

You are splendid.

[juː ɑː ˈsplɛndɪd]

Eres maravillosa.

I love you.

[aɪ lʌv juː]

Te quiero.

Will you marry me?

[wɪl juː 'mari miː]

¿Quieres casarte conmigo?

You are gorgeous.

[juː ɑː ˈɡɔːdʒəs]

Eres preciosa.

El país y su gente

Land and people [land and ˈpiːpəl]

Para situar a Inglaterra, lo más fácil es mirar un mapa. Pero si quieres saber más sobre su gente, descubrir cómo piensan o qué les interesa, te recomendamos que conozcas algunos de sus refranes.

Muchos refranes nacen de las experiencias más cercanas y se han transmitido de forma oral, a lo largo de los siglos, de padres a hijos. Por eso, reflejan una forma de vivir y ver el mundo, unos sentimientos determinados ante lo que nos rodea.

Estos son algunos refranes ingleses:

Hope for the best but prepare for the worst.
[həʊp fɔː ðə bɛst bʌt prɪˈpɛː fɔː ðə wɜːst]
Desea lo mejor y prepárate para lo peor.

God helps those who help themselves.
[gɒd hɛlps ðəʊz huː hɛlp ðəmˈsɛlvz]
Dios ayuda al que se esfuerza.

Actions speak louder than words.
[ˈakʃənz spiːk laʊdə ðan wɜːdz]
Los hechos dicen más que las palabras.

Beauty is in the eye of the beholder.
[ˈbjuːti ɪz ɪn ði ʌɪ ɒv ðə bɪˈhəʊldə]
La belleza está en el ojo de quien mira.

Absence makes the heart grow fonder.
[ˈabsəns meɪks ðə hɑːt grəʊ fɒndə]
La ausencia hace crecer el amor.

¡Ya tienes la preparación necesaria para tu primer contacto con el inglés! Esperamos que te permita vivir experiencias maravillosas.

Disfruta al máximo de este idioma. Después de este primer paso, sentirás la alegría de haber aprendido lo básico para hacerte entender en inglés.

LA FONÉTICA INGLESA - ENGLISH PHONETIC SYMBOLS

Símbolo fonético	Ejemplo	Se pronuncia más o menos como...	Símbolo fonético	Ejemplo	Se pronuncia más o menos como...
b	breakfast	bar	ɑː	bath	parecido una a larga
d	do	dos	æ	thank	vocal entre una a y una e
ʒ	pleasure	parecida a la ll argentina	aɪ	like	parecido a aislar
dʒ	Germany	como una d seguida de una ll argentina	aʊ	how	parecido a jauría
f	from	fuente	ɛ	bed	e más abierta que la española
g	good	gato	ɛə	air	parecido a línea, con las vocales más abiertas
h	hat	Hollywood			
j	you	como la i de hielo	ɜː	T-shirt	parecido a decir una e con la boca como para decir a
k	cup	casa			
ks	six	taxi	eɪ	great	parecido a seis
l	lamp	luz	ɪ	city	parecido a miga
m	morning	mesa	i	ceiling	idea
n	name	nada	iː	meet	una i larga
ŋ	greeting	fango	ɪə	here	parecido a ríes
p	please	puerta	ɔɪ	toilet	parecido a boina
s	speak	silla	ɔː	passport	o larga y más abierta que la española
r	repeat	parecido a área			
t	train	tren	ɒ	stop	parecido a una a
ʃ	ship	como ¡shhh! para hacer callar a alguien	ə	super	parecido a decir una u con la boca como para decir a
tʃ	chair	chal			
θ	thank you	zapato	uː	you	una u larga
ð	this	adiós	ʊ	good	parecido a una u
v	very	como una f sonora	ʊə	your	parecido a púa
w	wonderful	como la u de fuego	ʌ	bus	entre una a y una o
z	zero	s sonora (como para imitar el vuelo de un mosquito)	ː		sonido alargado
			'		sílaba tónica